朱自清传

梁新宇　编著

国文出版社
·北京·

图书在版编目（CIP）数据

朱自清传 / 梁新宇编著. -- 北京 ：国文出版社，
2025. -- ISBN 978-7-5125-1836-0

Ⅰ．K825.6

中国国家版本馆CIP数据核字第20244FL723号

朱自清传

编　　著	梁新宇	
责任编辑	罗敬夫	
统筹监制	杨　智	
责任校对	周　琼	
出版发行	国文出版社	
经　　销	国文润华文化传媒（北京）有限责任公司	
印　　刷	文畅阁印刷有限公司	
开　　本	880毫米×1230毫米	32开
	6.5印张	144千字
版　　次	2025年3月第1版	
	2025年3月第1次印刷	
书　　号	ISBN 978-7-5125-1836-0	
定　　价	59.80元	

国文出版社

北京市朝阳区东土城路乙9号　　　　邮编：100013

总编室：（010）64270995　　　传真：（010）64270995

销售热线：（010）64271187

传真：（010）64271187-800

E-mail：icpc@95777.sina.net

　　朱自清(1898—1948年),原名自华,字佩弦。中国散文家、诗人、古典文学研究家。原籍浙江绍兴,出生于江苏东海,后随父定居扬州。

　　1920年毕业于北京大学。1923年发表长诗《毁灭》,后又从事散文写作。1931—1932年曾公费游学欧洲。先后执教于江苏、浙江的几所著名中学,任清华大学、国立西南联合大学等校教授,并致力于学术研究。1945年抗日战争结束后,积极支持学生运动。1948年6月在《拒绝"美援"和"美援"面粉的宣言》上签字。两个月后因贫病在北平(今北京)逝世。

　　早期诗作表现对黑暗现实的忧愤,对光明、对美的憧憬;散文风格素朴缜密、清隽沉郁,以语言洗练、文笔秀丽著称。

　　著有诗集《雪朝》(与人合作),诗文集《踪迹》,散文集《背影》《你我》《欧游杂记》《伦敦杂记》,文艺论著《经典常谈》《诗言志辨》《论雅俗共赏》等。有《朱自清全集》行世。

目 录

第一章

少年求学岁月

在乱世中出生

在江苏北部有一座名叫东海的小城，虽然不大，但是历史悠久。这个小城古时候被称为海州，在1911年辛亥革命后就改名叫东海了。

1898年深秋，也是大清王朝的多事之秋。早在1894年中日"甲午战争"失败之后，全国举子们开始了"公车上书"，强烈要求变法。但是，于1898年6月11日开始的"戊戌变法"，历时103天，最终以失败而告终。这直接导致了光绪皇帝被囚，"戊戌六君子"血洗菜市口，康有为、梁启超等许多变法人士也都一一被通缉。不过，这次变法虽然失败了，但还是在大清国掀起了惊涛骇浪，大清王朝开始摇摇欲坠。

1898年11月下旬的一天，在东海小城里，代表县长受理诉讼的承审员朱则余的宅邸里却是张灯结彩，喜气洋洋。前来贺喜的亲朋好友络绎不绝，厅堂里的欢声笑语更是不绝于耳。原来，朱则余的儿媳周氏于22日生下了一个男婴，今天家里正在大办酒席，款待前来祝贺的亲朋好友。

这个新生的男孩原本有两个哥哥，可是都不幸相继夭折了，因此，他的出生，给全家带来了新的希望和快乐。

承审员朱则余，号菊坡，原籍是浙江绍兴，本来姓余，因为承继了朱氏，所以改姓朱。

朱则余在海州担任承审的官职已经有十多年了。因为他

为人谨慎、性格谦和，所以做了多年的县府承审员，和所有人的关系都十分融洽，街坊邻里也对他十分敬重。

朱则余的儿子叫朱鸿钧，字小坡，是个读书人。朱鸿钧对这个新生的儿子期望非常大，于是他从苏轼的"腹有诗书气自华"中受到启发，为儿子取名为"自华"。

由于算命先生说这个孩子五行缺火，因此朱鸿钧又给儿子起号叫"秋实"，一面是因"秋"字有半边是"火"，一面是取"春华秋实"的意思，希望儿子长大后能文采与德行兼备，学有所成。

由于之前曾先后两次遭受痛失爱子的打击，所以这一次，家里的人都变得更加小心翼翼了，生怕再失去小秋实，家里的长辈特地为他穿耳孔，给他戴上了钟形金耳环，迷信地认为这样的孩子就能平安健康地长大。

小秋实没有辜负父亲的期望，他自幼稳重安静，聪明好学。1901年，父亲朱鸿钧从海州到高邮的邵伯镇做小官，为了能够照顾一家人，他把小秋实和妻子接到了自己工作的住所，住在万寿宫里。在那里，小秋实先跟着父亲启蒙识字，后来又被送到一家私塾里读书。

万寿宫的院子很宽阔，由于里面只住着朱鸿钧一家人，显得十分安静。万寿宫的大门外就是举世闻名的大运河，滔滔的江水总是昼夜不停地向北奔流着。

邵伯镇很小，没有什么好玩的地方。小秋实每次读完书都会到运河边溜达一圈，或者是坐在河岸上静静地望着奔流的河水，不时还会向河里扔一些碎瓦片子，看瓦片激起的阵阵涟漪在河水中渐渐散去。

在那一时期，能够跟随父亲当差，然后到铁牛湾去玩，就是他最开心的日子。铁牛湾有一尊铁牛坐镇，威武极了，这个地方因此而得名。这尊铁牛为清朝康熙年间制造，重约3000斤，它其实就是一个测水的标志，一旦水位与它的嘴持平，那就说明这个地方将发生特大水灾了。

小秋实平时就喜欢爬上牛背骑着，然后轻轻地抚摸它，因为这样能让他感觉到自己好像骑在矫健的骏马上，无比威风。他在这里享受到了无限的乐趣。

朱鸿钧是个本本分分的读书人，因此他对儿女的教育也非常严格。后来，尽管他曾到江西九江做过盐务官，离扬州千里之遥，但是他对儿子的学习从来没有松懈过。

虽说小秋实的年纪还小，但是在上学之前，朱鸿钧就让他接触并学习了古代散文选本《古文观止》和许多唐诗、宋词。他日后的古典文学基础之所以如此扎实，与他父亲的严厉管束一定是分不开的。

有时候，父亲忙于公务，母亲周氏便教小秋实识字。她经常搜寻一些名人传记或小说中的故事讲给儿子听。小秋实一向沉默寡言，但是他聪明好学，喜欢幽静的环境，常常一个人留在室内翻弄着书籍，半日不需大人照料。

小秋实在邵伯镇上没有什么玩伴，幼小的心灵难免感到孤独寂寞。还好他在私塾里结识了一个长得十分瘦弱的名叫江家振的小男孩。于是，他和小家振就成了小镇上最好的玩伴。

小秋实平时经常到小家振家去玩。他们每到傍晚便一起坐在荒园里一根横倒的枯树干上说话，两个人好像永远都有说不完的话。每次小秋实都会在朋友家玩到天黑，直到时间真的

不早了,他才会依依不舍地离开。

可是,小家振从出生以来就体弱多病,还未成年就夭折了。小秋实从此失去了这个最好的玩伴,这对一个年幼的孩子来说,是一个不小的打击。对这个童年伙伴,他有一种深切的感情。直到40年后当回忆起孩童生活时,他还对这个生平第一个好朋友寄予了深深的怀念。

1903年,6岁的小秋实又随父亲迁到了扬州。在邵伯镇尽管只生活了短短的两年时间,但是却给他留下了终生难忘的回忆。

随父亲迁往扬州

美丽的扬州城位于长江下游北部,南临大江,有"淮左名都,竹西佳处"之称,又有中国"运河第一城"的美誉,是一座当时已具有2400多年历史的闻名古城。"天下三分明月夜,二分无赖是扬州""春风十里扬州路,卷上珠帘总不如""故人西辞黄鹤楼,烟花三月下扬州""二十四桥明月夜,玉人何处教吹箫""十年一觉扬州梦,赢得青楼薄幸名""人生只合扬州死,禅智山光好墓田",等等,这些都是历代文人骚客为扬州写的诗句,足以见得扬州是一个多么令人神往的地方。

朱鸿钧先把家安置在东关街一条小巷里,后来又迁至万寿街附近的安乐巷29号。这里的房子,虽不算太宽敞,但也够住了。小秋实的祖父朱则余退休后也和祖母来到了这里定居。

后来,弟弟物华、国华,妹妹玉华都在这里出生。在多年以后回忆起这个院子,他在《看花》中说:

> 那里有树,有花架(大约是紫藤花架之类),但我当时还小,不知道那些花木的名字;只记得爬在墙上的是蔷薇而已。园中还有一座太湖石堆成的洞门;现在想来,似乎也还好的。在那时由一个顽皮的少年仆人领了我去,却只知道跑来跑去捉蝴蝶;有时掐下几朵花,也只是随意揉弄着,随意丢弃了。

朱鸿钧对子女的教育非常严格,一到扬州,他担心小秋实的学业荒废,立刻就把他送到了私塾里,让他接受传统的教育。在这里,小秋实学习了许多经书、古文和诗词。

不久后,朱鸿钧又将小秋实送入初等小学学习。但是,还没有读到毕业,他就又被父亲送到一所私塾跟随戴子秋先生学习古文。后来,他在回忆自己读书的经过时说:

> 我的国文是跟他老人家做通了的。

小秋实还曾经到扬州知名的老教师李佑青先生那里听过课。李老师很喜欢这个眉目清秀、头脑聪慧的孩子,因此对他很照顾,他虽然是临时来听课,却总是会被李老师安排坐在最前排。

每天小秋实放学回来,晚饭过后,朱鸿钧都习惯性地一面吃着花生、豆腐干配烧酒,一面阅读儿子写的一篇篇作文。有时,他看到文章尾后有好评,就点头称是,欣然饮酒,然后给坐

在旁边的儿子几粒花生米或一块豆腐干。若是看见文章尾后有责备的评语，他便要埋怨儿子，严重的时候甚至还大发雷霆，然后把文章投在火炉里烧掉。父亲这几年严格的古文教育，给小秋实的古典文学修养打下了扎实的基础，也激发了他对文学的爱好。

朱鸿钧对子女也有慈爱的一面。每年冬天寒冷的晚上，为了使孩子们身子温暖，他便在屋子里点起洋灯，然后架上小洋锅，烧一锅豆腐，让孩子们围坐在桌子边。热腾腾的洋锅里，一块块白嫩的豆腐在水里咕嘟咕嘟地发出声响。

豆腐煮好后，朱鸿钧便站起来，从冒着热气的锅里夹起白豆腐，放在孩子们的酱油碟儿里。小秋实和弟弟妹妹们最喜欢吃这种白水煮豆腐了。看着孩子们狼吞虎咽的样子，朱鸿钧感觉到幸福极了。尽管室外天寒地冻，但是室内却温暖如春。

小秋实学习很用功，但是他也有调皮捣蛋的一面。有一年春天，他跟着一群同学看到一些中学生能进城去白看戏，所以他们觉得小学生也能到城外的一个道观里去白吃桃子。于是，十几个小孩子浩浩荡荡地出城了。他们一到道观里便气势汹汹地呵斥道人，让道人领他们到桃园去摘桃子。道人却无可奈何地说："现在桃树才刚刚开花啊！"

可是，这些小孩子们一点也不相信道人的话，便一同闯到园里看个究竟。果然，桃花确实才刚刚开放，园子里还到处飘溢着醉人的芳香。看着令人失望的场景，这群孩子气得一怒之下把花全都折了，还大声叫嚷道："没有桃子，我们就沏茶喝！"

就这样，小秋实和同伴们个个都喝了一肚子的茶水才回去。这群小孩子的行为简直让道人哭笑不得,街坊邻里听说了这群捣蛋鬼的事情后也都笑坏了肚皮。

小秋实在高等小学毕业后,顺利地考入了江苏两淮师范学堂(后改名江苏省立第八中学,今扬州中学)。由于他个子不高,所以总是坐在第一排。在教师们的眼中,小秋实是一个脸蛋儿圆圆、身子结实的孩子。他不像其他同学那样一脸稚气,而是有点少年老成,不苟言笑。老师们都对他格外关注。

小秋实学习认真,做事踏实,从不缺课。他平时喜欢看小说,对所有文学作品都有着浓厚的兴趣,他曾自命为"文学家"。由于他的品行与学业都非常优秀,毕业时,校方授予了他品学兼优的奖状。

扬州城山灵水秀,景色迷人,自古以来人才荟萃、文化发达,历代诗人如李白、杜甫、欧阳修、苏轼等均曾流连于此,并写下了许多脍炙人口的瑰丽诗章。

扬州也是一个英雄城,在抵抗异族侵略战争的历史上,曾经谱写下无数辉煌的篇章,留下了许多可歌可泣的名人逸事。也正是因为如此,古城的绮丽风光和浓郁的文化气息,在无形中影响着少年小秋实的性情,养成了他中正的品性和向往自然美的情趣。

朱家在扬州是客籍,没有亲戚朋友,与当地乡绅望族又毫无往来,自从小秋实的祖父去世后,生计越来越艰难,家道一日不如一日。

由于朱家在扬州没有身世显赫的靠山,也没有举足轻重的社会地位,所以小秋实一家难免要受到当地恶势力的欺凌。辛亥革命那年,朱鸿钧生病在家休养。谁料,本就拮据的家庭却

让一个乡绅打着军政府的招牌骗去了所有积蓄。就是这样的落寞家庭、单调生活，养成了小秋实坚强不屈、疾恶如仇和洁身自尊的独特性格。

从此以后，小秋实更加珍惜读书的机会。进入师范学堂以后，他的学习更加认真自觉，一直都是个品学兼优的好学生。在课堂上，他总是专心致志地捕捉着老师嘴里吐出来的那个陌生而又新鲜的世界。

课外，小秋实喜爱读书，尽管家中藏书不多，但是经、史、子、集都有一些，像《论语》《孟子》《易经》《诗经》《史记》《汉书》《韩昌黎集》《柳河东集》等，即使不能全看懂，但囫囵吞枣，他读得也很带劲。家中有这些旧书，用不着买，但新书和杂志则需要花钱。他后来在自己的散文《买书》中说：

> 在家乡中学时候，家里每月给零用一元。大部分都报效了一家广益书局，取回些杂志及新书。那老板姓张，有点儿抽肩膀，老是捧着水烟袋；可是人好，我们不觉得他有市侩气。他肯给我们这班孩子记账。每到节下，我总欠他一元多钱。他催得并不怎么紧；向家里商量商量，先还个一元也就成了。

有时候小秋实想要的书在扬州买不到，便转请贤良街的志成书局代为自上海订购，至于跑腿的事则由三弟国华代劳。

少年时期的小秋实年轻气盛、血气方刚，对社会上的种种黑暗现象和市井俗气，表现出了极大的不满。扬州有一个大官，每次出门都会坐着包车在街上飞驰，包车前面有一个人拉着，旁边还有四个人推着车子跑,神气活现,威风凛凛。对这种骄傲得意、虚荣无比的人,小秋实总是深恶痛绝。

小秋实还看不惯那些在乡里横行霸道的"甩子团"。"甩子"是扬州的方言,也就是当地官宦子弟,仗着家世显赫就到处拉帮结伙,胡作非为。

更令小秋实感到气愤的是,豪门乡绅的仆人竟然可以指挥警察区长,大模大样地招摇过市。虽然清王朝早被推翻,封建统治已结束,民国也已开创多年了,但是扬州的旧腐之气却依然如故。

虽然小秋实对这些感到义愤填膺,但是他自知人微言轻,所以只能让那口怒气憋在心里。当然,他也并没有一概抹杀扬州人,因为扬州人和绍兴人一样,都有一股可爱的"憨气"。对那些具有刻苦诚笃品性的朋友,他始终怀有诚挚的敬意。

对扬州的明媚山水,小秋实有说不出的喜爱。扬州西北郊有个清瘦秀丽的古典园林"瘦西湖",原名"保障河",也称"长春湖",清代钱塘诗人汪沆从西湖来此游览,曾作诗如下:

> 垂杨不断接残芜,雁齿虹桥俨画图。
> 也是销金一锅子,故应唤作瘦西湖。

从此保障河就有了"瘦西湖"的称呼。

瘦西湖蜿蜒曲折,山环水抱,堤边一株杨柳一株桃,红绿交映,风光秀丽。但是,小秋实却不太喜欢它,因为他认为这个地方优雅中透着俗气。他认为扬州的美,大半在水上。在护城河下面,有七八里河道,曲折而幽静,沿河还有小金山、法海寺、五

亭桥、平山堂等著名风景。

扬州美丽的山色湖光,如雨露般滋润着少年小秋实的心灵,哺育着他的感情世界,丰富着他的想象力,致使他的情怀永远氤氲诗情与画意。

小秋实最喜欢的是经过天宁门,向东上梅花岭瞻仰史可法的衣冠冢。史可法于1645年率部抵抗清兵,誓守孤城,坚持了数十日,最后为国捐躯,后人在梅花岭建祠筑冢,以表纪念。

辛亥革命前,朱鸿钧曾住在史公祠养病,小秋实陪侍在侧,常常听他讲史可法领导扬州军民保家卫国、抗敌殉难的悲壮故事。因此,小秋实对史可法的忠贞精神和民族气节感到无限崇仰。上中学后,他一有时间就去梅花岭史公祠,凭吊这个民族英雄,还写下不少诗章。

扬州的茶馆最著名。假日里,小秋实常常光临茶馆来消磨时间。在北门外有一条小街,茶馆最多,往往一面临河。茶馆的名字也好,如香影廊、绿杨村、红叶山庄……这些名字,多年以后他记忆犹新。

茶馆旁的河上有船行过时,茶客与乘客可以随便招呼说话。船上人若高兴,也可以向茶馆中要一壶茶,或一两种小笼点心,在河中喝着,吃着,谈着,回来时再将茶壶和小笼连钱一并交给茶馆中人。茶馆与撑船的都相熟,他们不怕你白吃。

扬州的小笼点心最为可口,有肉馅儿的、蟹肉馅儿的、笋肉馅儿的,还有菜包子、菜烧卖,特别是干菜包子,蒸得白生生的、热腾腾的,到口便轻松地化去。许多年后,秋实离开扬州,也去过许多大大小小的地方,但都觉得所吃的点心没有扬州的好吃。

扬州的茶食太美味了,因此给小秋实的印象特别深,以至于许多年后他还记得绿杨村茶馆的绿杨树上的幌子。

前往北京求学

1916 年夏,小秋实不负家人的厚望,考取了北京大学预科。他在报考北大本科时,为了勉励自己在困境中不丧志,不灰心,保持清白,不与坏人同流合污的坚定意志,就为自己改名为"朱自清",字"佩弦"。

由于北大是全国著名的高等学府,这下,朱家博得了许多人的钦佩。但是,在前往北京之前,朱家还有个重要的事情要做,那就是给自清娶媳妇。

中国人素有早婚的习俗,传宗接代、延续香火是一个家族的头等大事。自清又是家里的长子长孙,传宗接代的任务自然责无旁贷,所以早在他还不到 10 岁的时候,家人就开始给他张罗媳妇了。

最初介绍给自清的姑娘是他曾祖母的娘家人,住在苏北涟水乡下,可是,还没等两家人谈好,那个姑娘就得重病去世了。最后,几经波折,自清和武家小姐成婚了。

武家小姐武钟谦,原籍杭州,和自清一样,在扬州长大,故乡一次也没有去过。她身材不高,长得也不漂亮,小脚,没有读过书,但是温和开朗,一直是父母的掌上明珠。蜜月里,小两口卿卿我我,有说不尽的恩爱甜蜜。不过,结婚后 20 天,自清便要

到北京读书，把新婚妻子留在了家里。

几年以后，家里的生活每况愈下。自清的父亲赋闲在家，便断了经济来源，后来即使找到差事，也入不敷出，家里常以典当借贷过日子。长此以往，家中乐融融的气氛再也不见了，父亲的脾气变得暴躁无常，其他人也常为一点小事而怒目相向。

钟谦虽说成了媳妇，却还是姑娘心态，爱笑。未过门前，她在祖母的疼爱呵护下，日子过得无忧无虑，但在这样的家庭境况下，笑声便显得与家中的氛围非常不协调，于是她那开心爽朗的笑声慢慢消失不见了，偶尔一笑，便会招来无端的指责和冷眼，似乎家中不幸皆由她而起。于是，她只好掩门长叹，暗自垂泪。久而久之，钟谦变得十分抑郁，以至于听到别人的笑声反觉得十分刺耳。

朱自清经常来信劝解妻子，但是毕竟鞭长莫及。妻子性情的变化，给朱自清的刺激很大。几年后，他以这段生活为蓝本，以妻子为主角，写了短篇小说《笑的历史》。

小说通过主人公由爱笑，到不敢笑，再到不想笑，最后以至于讨厌别人笑的情感历程，表现了旧家庭对人性的压抑和扭曲。那时正是五四运动之后，新文坛上正在大张旗鼓地反封建，描写旧式婚姻的痛苦和宗法家庭对人性束缚的作品层出不穷，因此，《笑的历史》吸引了大量读者。

这篇小说笔触细腻，情调缠绵悱恻，很有诗的气息，因而在《小说月报》发表后很受社会的注意和好评。不少读者评论说，这种"使读者读了血泪迸流的作品，一定是作者心血的结晶，是从受了深刻创痕的心底深处放射出来的"。

1916年8月，朱自清辞别祖母和父母亲，怀着剪不断理还乱的心情,与生活了多年的美丽扬州挥手告别。

北京大学创办于 1898 年,最初叫京师大学堂,校址在北京景山东街一带,位于天安门东北方向,距离很近。直至 1952 年北京院校调整,北京大学才搬到如今的海淀区的圆明园的南边(这里本来是燕京大学的校址),同时取消燕京大学的资格,将其文科、理科多数并入北大,将其工科并入清华。

1896 年 6 月,刑部左侍郎李端棻在给清政府的奏折中,第一次正式提出在京师设立大学堂。1898 年 6 月"戊戌变法"开始,光绪皇帝在《明定国是诏》中强调京师大学堂应首先举办。于是,命梁启超代拟《奏拟京师大学堂章程》,规定了"中学为体,西学为用,中西并用,观其会道"的办学方针,还规定"各省学堂皆归大学堂统辖"。这样一来,京师大学堂不仅是全国的最高学府,而且也是全国最高教育行政机关。

1911 年"辛亥革命"后,京师大学堂改名为"北京大学",严复为第一任校长。1915 年,北大没有校长,由工科学长胡仁源兼代校长,文科学长是夏锡祺。当时文科有四门,即中国哲学、中国文学、中国历史和英文。

这时,正是新文化运动春潮在神州大地汹涌奔突时刻。1915 年 9 月,陈独秀在上海创办《青年》杂志;1916 年 9 月,这个杂志改名《新青年》。

《新青年》主张"科学与人权并重",提出要拥护"德先生"和"赛先生"的口号,高扬民主和科学两面大旗,向封建文化和封建道德发起猛烈的进攻。它犹如一声滚动阴霾长空的春雷,给死气沉沉的黑暗时代以巨大的震动。

一片红砖绿瓦、庄严肃穆的北京,本是封建军阀盘踞的老

巢、帝国主义者为所欲为的场所,但也是新思想人物荟萃的地方,北京大学正是精英云集之处。

朱自清进入这所大学之日,恰是蔡元培接任校长之时。蔡元培思想开明、学识渊博,是中国近代著名的自由主义教育家,参加过辛亥革命,曾两度留学欧洲考察教育。他一接任北大校长,便决心除旧布新,大刀阔斧地改革遗留的封建教育体制,扫除陈腐习气,要以西方资本主义大学为模式,创立一个具有"学术思想自由"的最高学府。

蔡元培采取"兼容并包"的方针,千方百计罗致学有专长的学者和具有先进思想作风的新派人物。他在翻阅了别人送给他的十余本《新青年》后,大为赞赏。这时陈独秀住在前门一家旅馆里,蔡元培立即驱车前去拜访,聘请他出任北大文科学长,主管文学、哲学、历史等系。

留学美国的胡适于1917年7月回国,9月即被聘为北大教授,讲授英文学、英文修辞学及中国古代哲学3门课。接着,李大钊也被聘为北大图书馆主任,并兼任历史经济系教授。

陈独秀就任北大文科学长后,即将《新青年》编辑部从上海迁至北京,使刊物更好地发挥团结新文化战士共同作战的阵地作用。就在这个时期,文学革命运动的号角奏响了,《新青年》第二卷第五号发表了胡适的《文学改良刍议》,提出了"八不主义"的主张,要求文学要有"高远思想"和"真挚之感情"。

《新青年》第二卷第六号发表了陈独秀的《文学革命论》,明确提出了"三大主义"主张,要打倒贵族文学、古典文学和山林文学,建设国民文学、写实文学和社会文学,号召青年学子与"十八妖魔宣战"。中国现代文学史的帷幕就这样拉开了。

　　新的环境,新的气氛,新的人物,新的思潮,开阔了朱自清的视野。他听到了闻所未闻的言论,看到了见所未见的事物,像在沙漠中饥渴已久的人,贪婪地吮吸着新文化知识的甘泉。北大图书馆设在马神庙公主楼,朱自清整天泡在里面翻阅新刊物和新书籍,眼界为之大开。

　　朱自清成长于传统家庭,从小接受的是传统文化教育,现在耳濡目染这些陌生的新的词汇、新的思想、新的人物,这对他产生了强烈震撼。

　　看到同学们高举"科学与民主"的横幅,高呼"崇尚科学,发扬民主"的口号,虽说这些新名词他见所未见、闻所未闻,但它们却强烈地震撼着他的心灵,点燃了他青春的激情,打破了传统文化的禁锢,引领他走进一个全新的世界。

　　有一天,朱自清看到同室姓查的同学在翻阅上海伊文思书馆寄来的书目,一眼看到一张"睡吧,小小的人"的画片,觉得这幅画很可爱,便向这位同学借过画片,捧在手中仔细读画。

　　画片上是一个西洋女子,哼着摇篮曲哄婴儿睡觉。窗外,一轮明月洒下温柔的光辉,微风掀动着她额前的一缕头发。如同鲜花的幽香,随着轻风飘来,沁人肺腑。

　　画中的寓意,激起了朱自清强烈的冲动,仿佛胸中有很多话不吐不快。在创作灵感的驱使下,他铺开稿纸,提笔挥毫,一首新诗《睡吧,小小的人》在他的笔下一气呵成:

　　　　"睡吧,小小的人。"
　　　　明明的月照着,
　　　　微微的风吹着——一阵阵花香,

睡魔和我们靠着。

…………

朱自清在这首诗里,不追求对画面的描摹,而是注重内心情感的抒发。开头第一句"睡吧,小小的人",是母亲心灵深处对爱子的安抚,仿佛让读者也听到了那情意绵绵的哼曲声。他在诗中,把自己追求光明的情感、向往自然的愿望,尽情地抒发出来,与诗的意境相辅相成,让读者感觉到他这颗年轻的心的强劲的张力。

后来,朱自清以"余捷"为笔名,把这首处女作寄给《时事新报》副刊《学灯》。他终于举起略显幼稚的手,叩响了"文学殿堂"神圣的大门。稿子寄出后,他感到自己的意识得到了释放,身心格外轻松。

参加五四爱国运动

1917年,正当朱自清学业颇有起色的时候,朱家的经济状况却越来越困难了。朱自清新婚不久,父亲朱鸿钧的差事便交卸了,因此养家糊口的担子沉重起来。为了让儿子专心学业,朱鸿钧叮嘱三儿子国华不要写信把家事告诉他。但是,朱自清暑假回家住了一些日子后,终究有所察觉。

看着家中光景一日不如一日,朱自清心中非常焦虑。当时北大规定,学生应读两年预科,然后才能考读本科。然而,朱自清考虑到家中的经济条件,他觉得自己如果按部就班地读完预科,无疑会增加家中的开销,于是他决定提前一年投考本科来减轻父亲的重担。他刻苦学习,成功考入了哲学系。

可是,屋漏偏逢连夜雨。1917年冬天,朱自清71岁的祖母在扬州病逝了,在徐州担任烟酒公卖局局长的父亲又卸了职。接到噩耗后,朱自清连忙乘车赶到徐州与父亲会合。

一路风尘仆仆回到扬州,只见家中满院狼藉,想起刚刚过世的祖母,朱自清不禁潸然泪下。倒是父亲更显得坚强一些,他安慰儿子说:"事已如此,不必难过,好在天无绝人之路!"

后来,父亲设法变卖了一批家当,又借了一笔钱,才勉强办完了丧事。丧事完毕,朱自清要赶回北京上学,父亲也要到南京谋事,于是父子二人决定同行。

到了南京,父亲因为事务繁忙,便想叫旅馆里一个熟识的茶房陪儿子去火车站,但是又怕茶房不稳妥,他踌躇一番之后最终还是决定亲自为儿子送行。来到浦口车站之后,爱子心切的父亲顾不上自己的腿脚行动不便,坚持要为儿子买几个橘子路上吃。

朱自清看见父亲戴着黑布小帽,穿着黑布大马褂、深青布棉袍,蹒跚地走到铁道边,慢慢探身下去,这些对父亲来说还不算困难。可是,当他穿过铁道,要爬上月台的时候,就不容易了。他用两手攀着上面,两脚再向上缩,肥胖的身子向左微倾,显出努力的样子。

这时,朱自清看着父亲不再矫健的背影,泪水情不自禁地流了下来。但是他怕父亲和别人看见,赶紧用衣袖擦干了泪水。当他再次看向父亲时,父亲已抱着红红的橘子往回走了。

过铁道时,父亲先将橘子散放在地上,然后自己慢慢爬下,过了铁道后,再抱起橘子走。朱自清看见父亲过来,赶紧去搀他。父子两人走到车上,父亲将橘子一股脑儿全放在朱自清的皮大衣上,然后拍拍衣上的泥土,摆出一副轻松的样子。

　　过了一会儿,父亲对儿子说:"我走了,到那边记得来信!"走了几步,他又停下来回头望着儿子用不舍的神情说道:"进去吧,里边没人。"

　　等父亲的背影混入来来往往的人群里,再找不着时,朱自清才上车坐下,眼泪再次抑制不住地流了下来。

　　数年之后,朱自清将这段与父亲的往事写成散文《背影》,里面详细地回忆了父亲去给他买橘子这一细微却感人至深的场景。这篇散文发表后深受读者喜爱,还入选了中学国文教材。

　　1918年,是朱自清婚后第二年。长子迈先的出生使他体会到了初为人父的喜悦,但是随之而来的是越来越艰难的生活。所以在提前一年考取本科后,朱自清丝毫不敢懈怠,他一门心思要在三年的时间里读完大学四年的课程,他想早一些毕业然后出去谋份差事,为父亲分忧。

　　那时,《北京大学日刊》(现《北京大学校报》)上经常公布各系缺课的学生名单,但是朱自清的名字却从未出现过。在师友们眼中,这位个子不高却很结实的青年有些沉默寡言,虽然对于政治活动不甚积极,但是在学业上相当用功。他刚进哲学系时,整天只知道埋头苦读,很少和同学们交往。

　　就在朱自清为学业与前途忙碌奔波之际,巨大的民族危机渐渐地笼罩了中国大地。继1915年袁世凯与日方秘密签订出卖主权的"二十一条"协定之后,操控中华民国临时执政府实权的皖系首领段祺瑞在出卖国家权益的道路上开始变本加厉。

1917年8月14日,中华民国临时执政府加入"协约国"并向德、奥宣战,成为第一次世界大战的参战国。1918年初,日本向段祺瑞控制下的临时执政府提供了大量贷款;同年9月,段祺瑞执政府与日本交换了关于向日本借款的公文,作为借款的交换条件之一,段祺瑞执政府同意日本驻兵济南、青岛,为日本帝国主义侵略中国领土打开了方便之门。

日本帝国主义侵吞中国的企图已经昭然若揭,一时之间,爱国民众对于国家前途命运不禁感到忧心忡忡。然而,时代巨浪的拍打与洗礼,激发出了朱自清前所未有的青春激情。

在一批进步教师的带动下,北京大学文科的面貌有了很大的变革。朱自清所在的哲学系课程设置已经逐步完善,教授之中新聘人员也逐渐增多。校内学生们的思想十分活跃,社会活动很多,北大实际上已经成为当时反帝反封建的战斗堡垒,这群思想活跃、精力充沛的学生们也成了反帝爱国行动的先锋。

1918年11月,第一次世界大战"协约国"的胜利消息传来,北京城瞬间就沸腾了。在浓浓的冬意里,人们张灯结彩,鞭炮声一直响个不停。北大校长蔡元培兴奋之余,向教育部提出申请,请求延课两天,并希望在这两天借用天安门的临时高台以供北大教授们公开演讲。

那两天,蔡元培每天都去演讲一次,其他文理科学长、教授也都陆续登台,他们在冷风中向大众讲演,几乎到了喉咙嘶哑的地步。在题为《黑暗与光明的消长》的演说中,蔡元培说:

> 现在世界大战争的结果,协约国占了胜利,定要把国际

间一切不平等的黑暗主义都消灭了,用光明主义来代它。

北大教授李大钊也发表了题为《庶民的胜利》的演说,他把欧洲战争的结束和俄国的"十月革命"联系起来考察,告诉人们,此次德国的失败"是庶民的胜利""是资本主义失败,劳工主义战胜"。在斗争风雨的猛烈冲击下,朱自清在关注书斋生活的同时,也开始积极留心并参加校内外的政治活动。

1919 年 1 月 8 日,巴黎和会召开。中国以战胜国身份派代表参加会议,无数中国民众把争取民族独立和领土完整的希望寄托在这次会议上。然而,在会上,与会各大国不仅拒绝了中国代表团提出的废除外国在中国的势力范围、撤退外国在中国的军队和取消"二十一条"等正义要求,甚至还决定将德国在中国山东的殖民利益转交给日本。

巴黎和会的消息传来,犹如一声巨雷将中国人的幻想击得粉碎。在残酷的现实面前,中国人终于认识到"强权"才是最大的"公理":与其将希望寄托于帝国主义虚妄的同情上,还不如拼了一己之躯发出最后一声呐喊! 于是,从这年 5 月 1 日开始,北京的学生开始罢课,组织演讲、宣传活动。随后,天津、上海、广州、南京、杭州、武汉、济南的学生、工人纷纷响应。

1918 年 5 月 3 日晚上,千余人在北大法科大礼堂聚集。情绪激昂的学生们纷纷慷慨陈词。其中,法科学生谢绍敏义愤填膺,当场将中指咬破,撕裂衣襟,写下血书"还我青岛"四个大字,并示之于众。这更激励了全体学生的情绪,学生代表决定第二天,也就是 5 月 4 日早晨,举行全体游行示威,大家掌声如雷,一致同意。

5月4日下午,北京高等师范学校、北京大学以及中国大学等30所高校的3000多名学生代表,冲破军警阻挠,在天安门聚集,发动游行。他们打出"还我青岛""废除二十一条""外争主权,内除国贼"等口号,同时要求惩办交通总长曹汝霖、币制局总裁陆宗舆、驻日公使章宗祥。

后来,浩浩荡荡的游行的队伍来到了赵家楼胡同,发现曹宅的大门早已紧闭。于是,以匡互生为首的众人破门而入,还痛打了来不及逃走、化装成日本人的章宗祥,并在曹宅内放了一把火。

朱自清也参加了这一载入史册的爱国运动。赵家楼的冲天火光不仅映红了北京城的天地,也照亮了朱自清的精神世界。在狂风暴雨中,五四爱国运动将他的激情彻底点燃。在此后的一段时间里,他一直都积极奔走,热心于政治宣传事业。

1919年3月7日,北大中国文学系学生邓中夏,在蔡元培和李大钊的支持下,发起组织"平民教育讲演团"。3月23日,该团体正式成立,以"增进平民知识,唤起平民之自觉心"为宗旨。后来,朱自清也加入这个组织中。

北京大学平民教育讲演团是"五四"时期著名的进步社团之一,从成立之日起就积极开展各项革命工作。团员们常常冒着黄沙满天、寒风刺骨或是酷暑蒸人的恶劣天气,四处奔走讲演。为了便于开展革命工作,邓中夏将平民教育讲演团分为四组,朱自清任第四组书记,负起了领导的责任。

1920年4月6日,讲演团从北京出发乘车到通县,分组在热闹地方进行了6次讲演,听众达500多人,朱自清的讲题为"平民教育是什么?"和"靠自己"。

5月1日,北京大学工人和学生们一共数百人举行了纪念大会,他们号召大家把五一节当成是引路明灯,向光明道路前进。

第二天,平民教育讲演团来到了北京街头对群众进行宣传,朱自清也做了题为"我们为什么要纪念劳动节"的讲演,他慷慨陈词,向人们介绍了五一节的来历和纪念意义。

其实,早在五四运动之前,文学革命运动就如火如荼地深入开展起来了。

文学理论方面,在集中力量批判旧戏曲、鸳鸯蝴蝶派等旧文学的同时,李大钊、胡适、周作人对于如何建设新文学也提出了具体的文学主张。

与此同时,新文学创作也进入了起步阶段,并取得了引人注目的成绩:在小说方面,鲁迅发表了第一篇白话文小说《狂人日记》,借"狂人"之口揭露封建礼教和家族制度"吃人"的本质,发出了"救救孩子"的呼声;在诗歌方面,胡适、刘半农、沈尹默等人的新诗,一改旧诗格律的陈旧气息,抒写了发自内心的真情;还有许多介绍外国文学的文章,促进了外国文学思潮的涌入,使中国文学眼界为之大开。

1919年1月,北大学生酝酿创办的新杂志《新潮》正式问世,该杂志提倡革新文词,发扬批评精神,向封建礼教发起猛烈进攻。朱自清加入创办该杂志的"新潮社",并在第三期杂志上发表了译文《心理学的范围》。

在"新潮社"中,朱自清老成持重的性格发挥了作用,当时的著名编辑孙伏园回忆说:

我们比较相熟还是在新潮社共同讨论《新潮》和一般思想学术问题的时候。佩弦有一个和平中正的性格,他从来不用猛烈刺激的言词,也从来没有感情冲动的语调。虽然那时我们都在 20 左右的年龄。他的这种性格近乎少年老成,但有他在,对于事业的成功有实际的神益,对于分歧的意见有调解的作用,甚至他一生的学问事业也奠基在这种性格。

从北京大学毕业

1919 年的五四运动,使朱自清诗情勃发,它像一个催化剂,一下子就激活了他的生命热情,使他打开了所有的感觉器官,释放出了全部的生命能量。

后来,朱自清一方面积极投入到各种社会活动中,他对人生、社会、时代、民族投以了极大的关注;另一方面拿起笔,尽情地宣泄自己对自由、青春、爱情以及光明的冲动与渴望。在毕业离校前的半年内,他陆续写下了十几首诗,并以此为起点而跻身“五四”新诗人的行列。

在这一时期,朱自清诗歌的主旋律是对自由、春天、光明的赞美与渴望。渴望光明,呼唤青春,是“五四”时代的主旋律,更是刚从封建枷锁中挣脱出来的“五四”青年的共同心声。不过,朱自清知道,光明不会平白无故地从天上掉下来,更不会从别人手中得

来,它必须靠自己去争取,去创造。在《光明》中,朱自清写道:

> 风雨沉沉的夜里,
>
> 前面一片荒郊。
>
> 走尽荒郊,
>
> 便是人们的道。
>
> 呀!黑暗里歧路万千,
>
> 叫我怎样走好?
>
> "上帝!快给我些光明吧,
>
> 让我好向前跑!"
>
> 上帝慌着说,"光明?
>
> 我没处给你找!
>
> 你要光明,
>
> 你自己去造!"

积极向上,奋发进取,是"五四"时代的氛围,也是朱自清内心对时代的真实体验。

1919年对于朱自清来说是非常重要的一年。眼看这搏击风雨的一年即将过去,新的一年即将来临。回想过去一年里,每一个激动人心的画面都让人的心情难以平静。在年终岁尽的一个晚上,朱自清铺开稿纸,怀着激动的心情奋笔疾书,他写道:

> 夜幕沉沉,
>
> 笼着大地。
>
> 新年天半飞来,
>
> 啊!好美丽鲜红的两翅!

她口中含着黄澄澄的金粒——

"未来"的种子。

…………

在这首题为《新年》的诗里，朱自清借助自己丰富的想象力，把新年拟人化，然后用象征的手法，融入自己对祖国未来的希望以及爱国主义激情。诗中的"她"含着一颗黄澄澄的"未来种子"，这颗种子便象征着祖国的未来，说明朱自清希望这颗种子在雨露的沐浴下，绽开出美丽的花朵，结出丰硕的果实。

《新年》实际上是一首五四运动激情的赞歌，表达了他对五四运动在他年轻的心中播下的种子倍加珍惜。从诗中不难看出，朱自清力求以具体的、富有表现力的形象来感染人，把自己的思想倾向存积在画面里，引发读者去作积极的联想。

平民教育讲演团和波澜壮阔的五四运动，激发了灵感敏捷的朱自清的创作激情，他连续发表了不少诗作。即使在五四运动后的第二年，这种冲动一如既往地在他身上得到体现。

朱自清用自己敏锐的眼光去观察生活，用自己对自然界的感知，结合哲理性的深邃思索，将散落的点点滴滴的发现和感情，熔铸成优美的诗篇。他那诗中的呐喊，强烈地冲击着人们的心弦。

在朱自清心中，有一样东西是永远无法也不应该忘怀的，那就是底层劳动群众的生活苦难。尽管他没有亲身体验过那种食不果腹的生活，但是那走街串巷沿门乞讨的乞儿，那扶老携幼、背井离乡的难民，却是他从小就看熟了的。

朱自清的三弟朱国华后来回忆说：

　　大约在 1915 年的冬季，在一个北风怒号、飞着雪花的
早晨，一个老年病人蜷缩在琼花观门外的角落里，他冻得
浑身直颤抖。大哥看到后，便赶回家里，找了一件棉袍送
给他，并帮他披在身上，那位老人感动得流下了热泪。

　　从此，老人那瑟缩的身影便永远刻在了朱自清心中，底层
人民的凄惨生活经常化为朱自清笔下诗歌的重要内容。

　　还有一次，朱自清读到了一篇英文小说《胜者》，小说叙述
了一群羊受到狼的袭击，老羊及时报警，后来牧羊人打死了狼，
老羊却也成了牧羊人的丰盛美食。

　　这篇小说深深地触动了朱自清。尽管羊没有葬身狼口，但
是它们却不是胜者，它们的生命始终都被操纵在牧羊人的手
中，其实，不管操纵它们的是人还是狼，结局都没有多少分别。
对羊来说，牧羊人也是"狼"，而且是更为可怕的动物。

　　弱肉强食，本就是自然界生物之间竞争的正常现象，但又
何尝不是社会的现象呢？于是，朱自清提起笔，写下了题为《羊
群》的诗。在诗中，朱自清描绘出一幅血淋淋的惨杀图：

　　　…………

　　狼们终于张开血盆般的口，

　　露列着巉巉的牙齿，

　　像多少把钢刀。

　　不幸羊儿宛转钢刀下！

　　羊儿宛转，

　　狼们享乐，

他们喉咙里时时透出来

可怕的胜利的笑声！

…………

在这首诗中，羊的善良与无辜、狼的凶残与狠毒，都被朱自清描绘得淋漓尽致，足以说明他对底层民众的同情和对压迫者的愤慨。

从艺术技巧说，此时朱自清的诗还有一些稚嫩，但是他抒写了自己的心声，语言清新活泼，彻底冲破了传统诗词的束缚，建立了一种纯正朴实的新鲜作风。后来，离开学校之后，朱自清以更大的热情去观察社会，体验生活，不断地锤炼技巧，以便日后在诗歌上取得更大的成就。

1920 年春，朱自清和已经毕业的哲学系高班同学冯友兰，以及北大的旁听生孙福熙，一同加入了新潮社。在新潮社，他和大家一起讨论《新潮》的各种稿件，还交流思想和学术。虽然大家年龄相仿，但是朱自清却显得比别人稳重成熟，他从来不用激烈刺激的言辞，也很少有冲动的语调。

朱自清喜欢将自己的想法和大家分享，也很尊重别人的看法。在大家意见产生分歧的时候，他既不强求别人赞同，又常在大家之间起着调和促进的作用。可惜朱自清在新潮社的时间不是很长，因为这一年春夏之间他就毕业离校了。

1919 年 3 月，蔡元培在改革学制方面又推出新政，由学年制改为学分制，规定本科学生修满 80 个单位即可毕业，其中一半为必修课一半为选修课。这次的改革可以使每个学生都能选修相关学科或者是他们感兴趣的学科，大大地调动了学生们

的学习热情,同时也给像朱自清一样的贫寒学生提供了一个缩短时间、提前毕业的机会。

于是,朱自清学习更加刻苦勤奋,在第三学年便修满了学校规定的学分,提前一年于1920年5月从北大文科哲学系毕业了。就在他手捧着毕业证书喜不自禁时,接到家中的来信,说他的大女儿采芷出生了,这可以说是喜上加喜了。

1920年6月,朱自清恋恋不舍地告别了培育他多年的北京大学,整装南归了。

第二章

前去南方任教

前往杭州任教

朱自清在北大提前毕业的消息很快就传到了扬州,朱家上下喜形于色。原来,朱鸿钧自从三年前和儿子分手之后,在南京没有找到合适的职位,又辗转去了徐州,在徐州同样没有谋到差事,还病倒在外乡,后来被好心人送回了扬州。从此,朱鸿钧开始变得心情郁愤,脾气暴躁。现在听到儿子不负所望,他心中不禁大喜,日夜盼他回来。

在扬州天宁门桥北,有一座千年古刹天宁寺,规模宏伟,庄严肃穆,位列清代扬州八大名刹之首,远近闻名,香火旺盛。前些天,朱鸿钧终于按捺不住内心的焦急,去天宁寺烧香求助,并在佛前求得一签,寺里的老和尚道贺说:"老人家,恭喜你,你的儿子要和他好友一起回乡做官了。"

朱鸿钧听了十分高兴。不久,朱自清果然风尘仆仆地和同学俞平伯一起回来了。但是,他们回来却不是做官,而是到浙江省立第一师范学校(以下简称"浙江一师")去教书。原来,浙江一师校长写信给北大校长蒋梦麟,请他代为物色出色的教员,于是,蒋梦麟就将本校高才生朱、俞二位推荐给了他。

浙江一师的前身是浙江两级师范学堂,位于杭州,本来是旧贡院,破烂不堪。1909年,鲁迅、刘大白等人都在这里执教过,1913年改校名,校长是教育界负有盛名的浙江上虞人经亨颐。(后来,他于1920年被迫离校,回故乡创办春晖中学,任

校长。)

浙江一师的学校风气非常活跃,师资力量也比较雄厚。由于是师范学校,所以学生们的年龄差距很大,小的只有十五六岁,大的竟有二十七八岁。

暑假过后,朱自清便带着妻女来到杭州。但是,对于之前从未有过正式授课经验且性格内敛、腼腆的朱自清来说,面对众多陌生面孔侃侃而谈,的确是一个很大的挑战。第一次上课,朱自清给学生们的印象是一个近乎乡下佬的质朴形象:矮矮胖胖的身子,方方正正的脸庞,一个平顶头,再配上一件青布大褂。

当23岁的朱自清面对这些同龄人,甚至是比自己大四五岁的"老学生"时,心里顿时感到有些紧张,于是,手足无措的他操着一口扬州官话,机械地背着教案,显得十分不自然。正如学生魏金枝回忆的那样:

> 好像他在上课之前,早已经将一大堆话背诵过许多次。又生怕把一分一秒的时间荒废,所以他总是结结巴巴地讲。然而由于他略微口吃,那些预备了的话,便不免在喉咙里哽住。因此他就更加着急,每每都会弄得满头大汗。

初到浙江一师,师生之间尚不能深入了解,加上初出茅庐的"小先生"在颇为世故的"老学生"面前缺乏足够的教学经验与授课技巧,尤其是一有学生发问,朱自清就不免更加慌张起来,不仅面红耳赤,就连语速也急促起来。直到学生的问题完全解决,他的心才得以平静下来。

　　这些都令朱自清的处境有些尴尬,因此,师生之间相处也并不是那么愉快。不但如此,学生们平时在私下里还窃窃私语,这令自尊心极强的朱自清感觉到了羞辱,于是他决定辞职。后来,知晓他要辞职的消息,学生们都劝他不要离开。于是,面对学生们的热情挽留,朱自清心软了,决定留下来。

　　经过这一系列的事情后,朱自清的教育热情难免受到打击,不过,他对学生一贯认真负责的态度却没有任何改变。令人欣慰的是,在相互磨合的过程中,朱自清和学生们的关系渐渐融洽起来。学生们常常到他的家里求教,他也会局促不安地让座、倒茶,客客气气地招待,规规矩矩地和学生们谈话。

　　朱自清和学生的谈话内容都是很平常的事,就如同与朋友促膝长谈一样。他会率真地向学生说起他自己不能再求深造的痛苦,甚至以为年轻轻的就出来教书也是种抱憾。

　　与初来之时的踌躇满志相比,现实的种种境遇使朱自清备感无力与惶惑。于是,他拿起笔写下了长诗《转眼》。这首诗不仅抒发了他初涉教育领域后碰壁受挫之感,更表露出他在五四运动落潮时的苦闷心情。

　　幻想的破灭,现实的黑暗,给朱自清带来一种茫然无措之感。如果说在狂风暴雨袭来的时刻,他尚能投身其中忘我地引吭高歌,那么当革命势头消退、政治形势错综复杂之时,他便犹疑不决、徘徊不前了。这是五四运动落潮时期大批青年知识分子心态的真实写照,朱自清真诚地将这种心绪记录了下来。在《怅惘》一诗中他这样写道:

　　　只如今我像失了什么,

原来她不见了！

她的美在沉默的深处藏着，

我这两日便在沉默里浸着。

沉默随她去了，

教我茫茫何所归呢？

但是她的影子却深深印在我心坎里了！

原来她不见了，

只如今我像失了什么！

1921年1月初，一个专门从事文学创作和研究的新文学团体——文学研究会——在北京宣告成立了。这是"五四"以来的第一个新文学团体。

文学研究会主张提倡"为人生的艺术"，提倡写实主义，反映现实人生，关心民生疾苦，写血与泪的文学，反对把文学当成是高兴时的游戏和失意时的消遣。它发扬"五四"文学革命精神，宣传人道主义和革命民主主义思想，对推动保护襁褓中的新文学起到了非常重要的作用。

文学研究会的发起人有周作人、沈雁冰、郑振铎、叶圣陶、许地山、郭绍虞、王统照、孙伏园等二十多人，这些人都是在新文化运动战场和新文学创作中非常活跃的知识分子。

后来，文学研究会吸引了大批新文学的爱好者和新文坛的活跃分子，朱自清的同事和后来跟朱自清关系密切的朋友都加入了文学研究会。他们是文学研究会的中坚力量，也是新文学的中坚力量，其中的许多人在日后都成了中国现代文学史上的大家、名家。

在这些人中,有些人朱自清读过他们的作品,有些则是以前的旧相识。因而文学研究会的成立,对于当时正醉心于新诗创作,同时又苦于势单力孤、声气相通者太少的朱自清来说,无疑是一件非常值得高兴的事。于是,在这一年的三四月,朱自清加入文学研究会,成为它的早期会员。

家道的败落,使朱自清领略了许多膏粱子弟根本不知道的社会黑暗和世态炎凉,于是,强烈的正义感和"五四"人道主义思想的洗礼,使朱自清常常涌起暴露这个黑暗社会的真实情景并予以鞭挞的创作冲动。

朱自清加入文学研究会后,在创作上更加自觉地遵循"为人生的艺术"的宗旨,后来写下了一系列反映现实人生黑暗、表现劳动者善良心灵和生活痛苦的诗作。

1921年7月下旬,朱自清回扬州家中度暑假。在镇江登上镇扬小客轮时,他目睹了小商小贩、乞丐等底层民众为了生计而痛苦挣扎、辗转于拥挤、堆叠的旅客之中的情景。

那"稀饭、梨子、竹耳扒"的叫卖声,那"可怜可怜我们娘儿俩"的行乞声,那污浊而紧张的空气,那布满灰和汗的黄面孔,那如饿兽般的炯炯目光……眼前的一切都使朱自清感到了一种无形的压迫,他被这一幕幕的情景深深地震撼着。后来回到家中,他仍然心潮起伏,于是提笔记下了这一切,题名为《小舱中的现代》。

接着说朱自清的工作地——杭州,它坐落在钱塘江北岸,是一座名闻遐迩、令人神往的美丽古城。晶莹清澈的西湖,犹如一面巨大的明镜,镶嵌在城区的西面。周围群山秀丽挺拔,林木郁郁葱葱;湖岸上柳树成荫,繁花似锦。湖光山色,相映成

趣,真是美极了。

朱自清对这座名城早就向往已久,他经常约几个友人,一起去游逛天竺山、灵隐寺等许多美丽的地方。

灵隐寺是江南著名的古刹,那里树木茂盛,溪水清澈,朱自清和友人漫步在绿荫遮天的小径,欣赏那在万绿丛中欢快流淌着的泉水,瞻仰那金碧辉煌、巍峨幽深的殿宇,别提多令人心旷神怡了。

晚间无事,朱自清就努力写诗,还好有一个挚友俞平伯是他同事,他们之间可以切磋诗艺。俞平伯是浙江德清县人,和朱自清是北大同学,但不同系。俞平伯在学生时代就开始写诗,常在《新潮》上发表,朱自清认为他是这方面的老资格,因而把自己偷偷写下的新诗集《不可集》送给他看,希望得到他的批评指正。

只可惜这样的日子不到半年,俞平伯就辞职到北京去了。朱自清感到非常失落,再加上五四运动退潮的苦闷,于是他决定离开浙江一师。

就这样,朱自清在浙江一师度过了难忘的一年后,1921年夏天,接受了母校的邀请,回到扬州担任了江苏省立第八中学的教务主任。

再次回到杭州任教

扬州是朱自清最熟悉的地方,照理说他在此任教应该是游刃有余的。然而,他在这里仅仅待了三个月,便愤然辞职了。这与当时八中的风气以及朱自清耿直的秉性有直接关系。初来之时,他很想有所作为,还为学校写了首校歌:

> 浩浩乎长江之涛,蜀冈之云,佳气蔚八中。
>
> 人格健全,学术健全,相期自治与自动。
>
> 欲求身手试豪雄,体育须兼重。
>
> 人才教育今发煌,努力我八中。

从这首校歌中可以看出朱自清志在培养全面发展的人才的教育理想。可是,随后发生的一系列事情,却令他对这所学校的风气大失所望。因为他到任不久便和人发生了争执。

日后成为古典文学专家的余冠英,当时还只是个投考八中的小学生,他在办报名手续时认识了朱自清。这位微胖却很和气的教务主任,给孩童时期的余冠英留下了非常深刻的印象。

当时余冠英的小学教师洪为法带着另一个孩子也来报名,却意外地因为保证书有问题同朱自清争执起来。洪为法要求朱自清通融一下,但是一向严格的朱自清却不答应,结果,洪为法只得悻悻而去。这令余冠英觉得这位教务主任虽然表面谦和,但实际还是很严厉的。

不善逢迎、恪守原则的处事方式,使朱自清处处碰壁。有一次,他在排课时,不知道该校一位资深教师还在别的学校兼课,由于两校相距较远,使得该教师每次上课都来不及吃午饭。后来,得知这一情形的朱自清尽管做了调整,但是那位教师依旧盛气凌人地到校长那儿去告状。

令人意外的是,校长非但不替朱自清解释清楚,还曲意祖护这个老师。因此,这位教师的气势变得更加嚣张,他脸上总是会露出得意的微笑,然后轻蔑地看着沉默的朱自清。这令朱自清极为愤慨。没过多久他便毅然决定离开这个令他厌恶的地方。

1921年秋天,在上海中国公学执教的刘延陵得知朱自清的境况后,便介绍他到该校中学部教书。于是,朱自清毅然前往。其后在上海一年多的教学经历,虽然风波不断,却给了朱自清可以喘息的机会。

在教学之余,朱自清将全部精力都投入到了文学创作中,因此他收获了颇为丰硕的成果。当时,朱自清刚刚安顿好,刘延陵便兴奋地告诉他:"叶圣陶也在这儿!"

叶圣陶是苏州人,1916年便创作出我国第一个童话故事《稻草人》。1919年,叶圣陶加入了北京大学新潮社,只不过那时他并不认识朱自清。之后叶圣陶正式开始白话文学创作,写了不少新诗和小说,在文学界也颇有名气。朱自清对于叶圣陶的这些作品并不陌生,他在钦羡的同时也充满了好奇。

"怎样一个人?"朱自清好奇地问。

"一位老先生哩!"

　　刘延陵的回答令朱自清感到有些意外。后来,刘延陵带他去拜访叶圣陶。一见面,朱自清觉得叶圣陶年纪并不像刘延陵说得那样大。性格内敛的朱自清见了生人照例说不出话,而叶圣陶似乎也是沉默,所以初次见面两人并未多言,只是简单地交换了各自对创作的看法。不过,随着日后交往慢慢密切,两人的情谊与日俱增。

　　多年以后,朱自清曾在《我所见的叶圣陶》一文中,通过一件件往事详细地记叙了自己与叶圣陶的交往经历。在朱自清笔下,这位文坛大师褪去了耀眼的光环,显得更加平易近人,他的寡言、天真和坦诚,全都生动地展现在读者眼前。在后来的日子中,两人成为亲密无间的挚友。

　　初到上海的那一个月,朱自清与叶圣陶、刘延陵几乎每天下午都一同前往海边游逛一番。吴淞位于黄浦江出口处,靠近扬子江口,风景与城市中的大不相同,这对于过惯了城市生活的三个人来说是非常新鲜有趣的。

　　走出上海中国公学校门,不到10分钟就能到达黄浦江边。黄浦江的波浪前仆后继地拍打着海岸,犹如坚持不懈的壮志。三位志同道合的伙伴,或是一同踏上由杂乱的巨石铺垫而成的岛礁寻找美丽的贝壳,或是静静聆听神秘的涛声。他们经常沉浸在这样令人心旷神怡的景色中,行走着,交谈着,沉思着,很多思想的火花就在这样的谈话中碰撞出来。

　　有一个秋日的午后,三个人从海边回学校时,他们从学校里的国文谈到新诗,又谈到当时缺少专门刊载新诗的定期刊物,于是他们当即决定试办一个定期刊物。那时三个人都是二十几岁的年轻人,热情很高,因此他们回到学校后,马上就给上海中华书局的经理写了一封信,请求书局承担刊物的印刷与发行工作。

这本刊物便是后来中国现代文学史上第一本诗刊《诗》。就在发行计划终于得到中华书局左舜生的支持后,朱自清马上写信将这个好消息告诉了在北京的好友俞平伯。

1921年10月20日,在《时事新报》副刊《学灯》上,连续三天登载了一则用诗的形式写的《〈诗〉的出版预告》。预告刊出后,朱自清三人加快了筹备工作。

10月底,《学灯》又登出了《〈诗〉的出版预告(二)》,宣告:"创刊号准予明年1月1日出版。"内容为"一诗,二译诗,三论文,四传记,五诗评,六诗坛消息,七通讯"。预告登出后,得到了社会关注。

朱自清在教育与文学事业中渐渐如鱼得水之时,上海中国公学却闹起了风潮。原来,当时旧派教员煽动部分学生驱逐代理校长张东荪和中学部主任舒新城,并攻击叶圣陶、朱自清、刘延陵等中学部8位新教员。由于上海中国公学教员大多数是北大学生,于是他们请北大教授胡适出面调解。

不过在胡适看来,旧派势力将自己拉出来做招牌的做法实在是大笑话,他在日记中这样写道:

> 他们攻击的新的教员如叶圣陶,如朱自清,都是很好的人。这种学校,这种学生,不如解散了为妙!

这时,朱自清向刘延陵提出中学部停课支持大学部的斗争办法,这一办法也得到了叶圣陶的赞同。但遗憾的是,这次风潮最后还是以新教员们的失败而告终。

深秋，被上海中国公学解聘的朱自清，再次接到浙江一师的聘书。到校后，学校听说叶圣陶也在上海，便请朱自清代为聘请叶圣陶到校任职。11月，叶圣陶应约来到了浙江一师。好友的到来令朱自清非常欣喜，而害怕孤独的叶圣陶这时也正需要这样一位挚友的陪伴。

与好友朝夕相伴、促膝长谈的日子，令朱自清苦闷的心情终于豁然开朗，而且值得欣慰的是，《诗》也在1922年1月正式出版了。《诗》创办过程中得到许多作家的支持，沈雁冰、胡适、周作人、郑振铎、徐玉诺、王统照等许多文人都为它写过稿。至1923年5月停刊，《诗》共出版了两卷七期，第一卷有五期，第二卷有两期，每期63页。

重回浙江一师，校内活跃气氛还是像朱自清第一次来执教时那样，红火的学生文学运动给朱自清的生活增添了许多趣味。由于浙江一师最早受到新思潮的洗礼，还与北京大学南北呼应，因此许多追求进步的青年都慕名前来求学。

1921年10月10日，潘漠华、汪静之、赵平复、魏金枝、冯雪峰等人联络了二十余位文艺爱好者，一起到西湖的平湖秋月、三潭印月、葛岭抱朴等处游览、座谈，并宣告了"晨光社"的成立。

晨光社是浙江最早的新文学团体，文学研究会对它十分关注。由于朱自清和叶圣陶的文学威望，再加上朱自清原来就是浙江一师的国语研究室的主任，指导过学生的文艺研究，因此两人刚到浙江一师便被聘为晨光社的文学顾问。

作为文学研究会的成员，朱自清和叶圣陶对晨光社的扶植

自然是不遗余力的。比如,在他们主编的《诗》杂志上,连续刊登了汪静之的诗。后来,在汪静之编成诗集《蕙的风》后,朱自清也乐意为诗集作序;冯雪峰于1921年底写的《小诗》和1922年写的《桃树下》,也都发表在《诗》第二期上;1923年下半年,《晨光》文学周刊作为《浙江日报》副刊之一出版,发表的大都是晨光社社员的作品。

很快,又是一年岁末到来了。除夕之夜,朱自清和叶圣陶躺在床上兴奋地交谈着。此时,电灯已经关闭,只有桌上两只点着的蜡烛散发出微弱的光。望着忽明忽暗的烛光,朱自清突然心血来潮,作成一首小诗《除夜》,并对叶圣陶轻轻念道:

> 除夜的两枝摇摇的白烛光里,
>
> 我眼睁睁瞅着,
>
> 一九二一年轻轻地踅过去了。

冬去春来,朱自清将家眷从扬州接到了杭州。这时,叶圣陶应蔡元培的聘请前往北京任北大预科讲师,离开了杭州。没有多久,朱自清也因为生计,应允了浙江第六师范学校(以下简称"浙江六师")校长郑鹤春的聘请,只身前往台州教书。这次,他把妻子和儿女留在了杭州,独自一人踏上了奔波辗转的路途。

难忘的台州生活

1922年春天,朱自清前往台州任教。初到台州,因为一时找不到住处,便暂时住在新嘉兴旅馆里。这时,浙江六师的同学听说朱老师来了,全都欢呼雀跃,有的同学甚至还连夜赶来旅馆探望老师。

小旅馆灯光昏暗,再加上屋子本来就不大,一下子增加了这么多人,大家都感到闷热极了。但是,见到了盼望已久的朱老师,大家都非常兴奋,所以谁也没有顾及身边的环境如何。

就这样,师生们围绕着最近出版的文学书籍,快乐地长谈着。这时,朱自清从行李袋中拿出了一个小皮包,从包里掏出一卷稿子。同学们接过一看,见是一首长诗,题目是《毁灭》。虽说只写了两节,但是大家看后,都觉得十分感人,因此学生们都盼望老师早些把这首诗写完。

就这样,自从学校来了朱自清这个新的诗人,学生们的情绪一下子被调动起来了,每天都有一批新思想、新知识的青年人,纷纷聚拢到朱自清的身边。他的学生陈中舫在后来回忆时说:

> ……或是凉风吹拂着的清晨,或是夕阳斜睨着的傍晚,或是灯光莹莹的良夜,我们时常在他的楼上,时而质疑谈说,或是翻阅他的书报及一师的同学们寄来叫他

批改的稿子。他又批改了我们不少的稿件,他又要编讲稿,他又要看书报,所以他可以作他自己的作品的时间很少。

台州城小人少,宁静安谧,坐在临街的书房里,就可以清楚地听见路上行人说话的声音。但是,因为路上的行人太少了,偶尔有一点人声,听起来还以为是被风从远处送来的。除此以外,朱自清能听到的,便只有屋后山上的阵阵松涛、悠悠晚钟,以及一两声清脆的鸟鸣。朱自清在散文《一封信》中曾这样描述他对台州的印象:

> 我第一日到六师校时,系由埠头坐了轿子去的。轿子走的都是僻路;使我诧异,为什么堂堂一个府城,竟会这样冷静!那时正是春天,而因天气的薄阴和道路的幽寂,使我宛然如入了秋之国土。约莫到了卖冲桥边,我看见那清绿的北固山,下面点缀着几带朴实的洋房子,心胸顿然开朗,仿佛微微的风拂过我的面孔似的。
>
> 到了校里,登楼一望,见远山之上,都冪着白云。四面全无人声,也无人影;天上的鸟也无一只。只背后山上谡谡的松风略略可听而已。那时我真脱却人间烟火气而飘飘欲仙了!

浙江六师学校虽然简陋,但是庭院里却有一株雄伟繁华的紫藤花。每到闲时,朱自清就喜欢在花下徘徊,因为学生们都上课去了,只剩下了他一个人。暖和的晴日,鲜艳的花朵,嗡嗡的蜜蜂,整个庭院都酝酿着一种春意,朱自清最喜欢这种安静的环境了。

有时,朱自清也会到南山殿的望江楼上看浮桥上幢幢的人影,到东湖水阁的九折桥上看柳色水光,到后山沿路看田野,到南门外看雪白的梨花。有好几次他爬到北固山顶上,去领略那飕飕的高风,看那低低的、小小的、绿绿的田。

但是,朱自清更多的日子则是一个人闷在屋子里。白天,浮云遮住了太阳,寂静的青山在如轻纱般的白雾环拥下,如睡着一般。他默默地倚在窗口,天上没有一只飞鸟,地下看不见一个人影,只有阵阵清风送来远方悠悠的钟声,这时,他就会想起远方的妻子了。

虽然已经来到台州任教,但是朱自清还没有与浙江一师完全脱离关系,再加上浙江一师的学生舍不得他走,纷纷要他回去,而且浙江一师校长马叙伦也一再挽留他。因此,朱自清在台州待了两个月,于4月底又匆匆回到了浙江一师。但是他答应浙江六师的学生,暑假后一定会回台州来。

从浙江六师回到浙江一师,蓬勃的学生活动令朱自清稍感振奋,然而精神上的苦闷依然萦绕在他的心头。当时,俞平伯任浙江省视学,于是,朱自清便邀他和自己一起夜游西湖。

连续三天,朱自清对俞平伯诉说了自己的懊恼和怅惘,还与他讨论人生的意义和对生活应有的态度。朱自清觉得自己总感到一种不知所措的空虚感,这是他不能承受的。他认为自己这样长久下去不是办法,只有寻求一种"转向",才能让自己内心平静下来。

一个月之后,俞平伯受浙江教育厅委派前往美国考察教育行业,朱自清也带着妻子和儿女回到了扬州与家人团聚。归家的喜悦并没有令朱自清全然忘却精神上的苦闷,他仍然一直追寻着能使自己情感平静的所在。

情思翻涌,心里便想留些痕迹。由于之前事务繁忙,总是没有时间下笔,如今终于有了自己的闲暇时间,于是,朱自清继续开始了长诗《毁灭》的创作。但由于家中人多事杂,还没写完暑假就结束了。

暑假过后,朱自清彻底告别了生活两年的杭州,告别了依依不舍的浙江一师师生,来到台州浙江六师安心任教。这次他把妻子钟谦、儿子迈先和女儿采芷都带了过来。他打算在这儿安居乐业了。

台州还是以前那样荒漠、冷清。全城只有一条二里长的大街,路上大白天都很难见到行人,到了晚上更是漆黑一片。朱自清一家是外地人,又不喜交际,所以没有什么朋友和熟人,家里只有他和妻儿,一家四口厮守着。但是,这个小家庭却给朱自清带来了极大的温暖。到了冬天,北风怒号,天气寒冷,而自己的家里却一直都像春天一样温暖。

有一次,朱自清上街回来,楼下厨房的大方窗开着,妻儿三人并排坐在那里,三张脸天真地笑嘻嘻地望着归来的他。朱自清突然感到有一股暖流淌过心头,于是他立刻吟出了一首短诗:

似乎台州空空的,只有我们四人;
天地空空的,也只有我们四人。

家庭的温暖给朱自清带来了极大慰藉。也正是因为家人的陪伴，朱自清才不再感觉到孤独和寂寞，他心中的苦闷也可以暂时得到缓解。

在"空空"的天地中，朱自清放空一切，深思，反省。朱自清的这种苦苦思索并不是无病呻吟，而是与"大革命"（1924—1927 年中国人民反帝反封建的革命战争）退潮时期知识分子的苦闷与彷徨的心态有关。

五四新文化运动统一战线分化，新的革命高潮还没有到来，人们所期冀的光明未来不但没有实现，反而与当时的黑暗现实产生了巨大落差，而很多青年对此并没有充分的心理准备。于是，在冰冷残酷的现实面前，他们开始动摇彷徨，甚至走向了自暴自弃、颓废堕落的深渊。

朱自清回想起自己 5 月间遇见的一位朋友就是如此。那位朋友主张"刹那主义"，在他看来，无论是回想过去还是展望未来，这两者都是可笑的，因此，不管法律、道德有何约束，他只追求刹那的享乐。

然而，朱自清却不同意那位朋友的主张，他认为那只是一种颓废的"刹那主义"。虽然，朱自清也主张"刹那主义"，但其含义和那位朋友的却并不相同，朱自清认为，每一刹那都有每一刹那的意义和价值！

朱自清感觉到时间总是匆匆逝去，过去自己只着眼于缥缈的远处、大处，却忽视了当下的这一时刻，这是多么严重的错误！于是他决意今后要从近处、小处着手，踏踏实实地做好眼前的每一件事。

与游戏人生相比，朱自清的人生态度无疑是严肃认真的。在 1922 年 11 月 7 日，他给俞平伯写了一封信，明确了自己今后

的生活态度：

> ……弟虽潦倒，但现在态度却颇积极；丢去玄言，专崇实际，这便是我所企图的生活……

在信中，朱自清结合生活实际，对自己所倡导的"刹那主义"做了通俗的解释，比如：写字要一笔不错，一笔不乱；走路要一步不急，一步不慢；吃饭要一碗不多，一碗不少……总之，朱自清的"刹那主义"就是要专注地做好每一件事，掌握一种恰当的度。

随后，朱自清又在1923年1月13日给俞平伯写信，继续进一步解析自己的"刹那主义"。这种处世原则的选择与朱自清不偏不倚、中正平和的性情不无关系，他追求内心感情的节制与适中，尝试以温和的方式来化解冲突矛盾，安于自我满足，追求安定和谐。

后来，朱自清将这种专注眼前的务实精神充分投入到了教学与创作之中。他除了每日上课、备课外，还要批改浙江六师学生们写的文章，所以很忙。不仅如此，浙江一师的学生，也不时地寄稿子过来要他批改。因此，只有在工作之余他才能静下来，然后拿起笔，继续创作未完成的长诗《毁灭》。

12月的一天，学生们又来到朱自清家时，朱自清再次拿出自己刚写完的长诗《毁灭》原稿。学生们接过来一看，这首长诗是分行写的，如果把稿纸粘起来，足有两丈多长。

朱自清对学生们说，自己因为功课忙，没有时间抄写。学生们听了，个个愿意为他效劳。于是，学生们在课余时间都帮他誊写稿子。朱自清看到誊写好的稿子,觉得这样太费版面,便改为散文式的,后来他还把《毁灭》寄给了《小说月报》。

1923年3月,朱自清的长诗《毁灭》在《小说月报》发表,这首长诗在文艺界立即引起了强烈反响。由于《毁灭》贯穿了面对现实、积极进取的人生态度,因此,这首诗对那些在歧路徘徊、在苦闷中呻吟的知识分子来说,简直是一剂清醒的良药,因而长诗刚发表,就立刻引起了社会的高度重视与评价。

4月,《小说月报》以"卷头语"的显要位置,摘引了这首长诗的片段,表明了编者的赞赏和愿向社会推荐之意。后来,《小说月报》又推出了俞平伯的重头文章《读〈毁灭〉》。俞平伯在文章中用洋洋万言,不仅为读者细腻地剖析了朱自清的思想情绪和这首长诗所体现的感情倾向,而且还从时代与文学的大背景中高度评价了这首长诗的意义与价值。

俞平伯指出,眼下诗坛不振的一个重要原因,就是大家总是一味地喜欢偷巧,争作小诗,而害怕写长诗。而朱自清则不仅知难而上,写出了被人视为畏途的长诗,在艺术上又十分成功。而且《毁灭》在手法、情调、节奏等方面又有自己的独特之处。

俞平伯的评论,道出了朱自清在诗歌创作上勇于探索、不断创新的精神。正因为如此,《毁灭》被认为是新诗运动以来,利用了中国传统诗歌技巧的第一首长诗,是新诗中的《离骚》和《七发》。

《毁灭》奠定了朱自清在中国新诗史上的地位。人们只要一提起朱自清,便无法不提《毁灭》。

前往温州任教

台州的生活静悄悄,台州的水流慢悠悠。小城的居民遵守着祖先的传统,日出而作,日落而息。生活在这里,朱自清疲惫的身心终于得到了休息和放松,但是他却也感到了难以言说的寂寞。

尽管在台州有一群天真可爱、渴求知识的学生,但这里远离新文化的前沿阵地和辛勤耕耘的战友同道,没有慷慨激昂、面红耳赤的争执,没有谈笑风生、纵横捭阖的议论,因此在这里很难激起朱自清心灵火花和创作灵感。朱自清认为,这里是出家人韬光养晦、修身养性的好地方,却不是适合自己生活的土壤。

1923年开春,朱自清离开了浙江六师。此时,台州的浙江省立第六师范学校的原校长郑鹤春,来到了温州的浙江省立第十中学(以下简称"浙江十中")担任校长。在该校教师任金嵊轩提议下,朱自清带着妻子和孩子来到该校任教。

3月正是草长莺飞、万物复苏的时节,朱自清带着妻小来到了景色秀美的浙江十中。这一年,原来的浙江省立第十中学、省立第十师范学校合并,仍称"浙江省立第十中学",分为中学部、师范部。

学校研究部部长兼图书馆主任金嵊轩,是著名的教育家,早年留学日本,和章太炎、陶成章等革命党人有过交往,有着民主主义思想。

虽然刚到学校任教不久,但是朱自清做学问的态度和热情深受师生们的称赞和敬重,学校还特意请他为学校撰写校歌。朱自清对这所环境优美、历史悠久的学校也非常喜爱,于是,他稍加思索便将歌词一气呵成:

> 雁山云影,瓯海潮淙,
>
> 看钟灵毓秀,桃李葱茏。
>
> 怀籀亭边勤讲诵,中山精舍坐春风。
>
> 英奇匡国,作圣启蒙。
>
> 上下古今一冶,东西学艺攸同。

歌词言简意深,既有对学校环境的赞美,又有对教育业绩的歌颂;有对过去贤儒的景仰,还有对当前学界的期望,足以体现朱自清对教育事业的殷殷之情。

蜿蜒曲折的瓯江,缓缓流过温州。在离嘈杂喧闹的瓯江码头不远的朔门,有条巷子叫四营堂。这条巷子的 34 号,是一座有围墙的老式两进平房,前后都有院子。

朱自清就在这里租了靠大门的两间厢房,外间作卧室,内间的后半间当厨房,前半间当书房。狭长的书房中间摆放着一张朱自清从学校借来的学生课桌,剩下两尺多宽的空隙则刚够放下一张旧藤椅。厢房后有一道花墙,把大院子隔开,自成一个小庭院,环境很清幽。

遥遥相对的山峦,川流不息的江水,为朱自清提供了一个绝佳的休养之所。而贤惠温婉的武钟谦也给予了丈夫无尽的体贴与关怀。朱自清每次出去上课,妻子总是将丈夫送出大门口,深情地目送丈夫离开,直到望不见背影才肯回去。回到家中,她便开始操持各种家务,洗衣、烧饭、洒扫除尘、照顾孩子,一刻也不停歇。

每当朱自清上课归来推开家门,总会感到无限的舒适与温馨。静谧的环境、和睦的家庭氛围,让朱自清的心情渐渐平定下来,情绪愉悦的时候他不禁吟唱道:

> 东风里,
> 掠过我脸边,
> 星呀星的细雨,
> 是春天的绒毛呢。

这首诗歌《细雨》是在写景,也是在抒情,那东风微拂、细雨绵绵的画面,抒发了朱自清的喜悦之情。这首小诗也表现了朱自清捕捉语言形象的功力,他以"绒毛"来比喻春天的细雨,十分贴切地抓住了具体事物的特征,带给人们视觉、感觉和触觉上的享受。他还把春雨的暖和、纤细、飘忽等特点形容得淋漓尽致,以清新的语言,勾勒了一幅抒情小画,真切地表露了自己刹那的感兴。

在浙江十中,朱自清的教学任务相当重,他在中学部教国文,又在师范部教公民和科学概论。他教学认真、态度严肃,在课堂上竭尽全力地向学生传授新知识,播种新文学种子,他既讲究教育方法,又注重教学效果。当时一个学生有生动的回忆:

朱先生来教国文,矮矮的,胖胖的,浓眉平额,白皙的四方面。经常提一个黑皮包,装满了书,不迟到,不早退。管教严,分数紧,课外还另有作业,不能误期,不能敷衍。

同学们开头都不习惯,感到这位老师特别啰唆多事,刻板严厉,因而对他没有好感。但日子一久,看法起了变化。他说起教书的态度和方法,真是亲切而严格。

那个时候,我们读和写,都是文言文。朱先生一上来,就鼓励我们多读多作白话文。"窗外""书的自叙"……都是他出的作文题目,并且要我们自由命题,这在作惯了"小楼听雨记""说菊"之类文言文后的我们,得思想上和文笔上的解放。

朱自清还自己创造了一种特别的作文记分法,他要学生在作文本首页的一边,将本学期作文题目依次写下,并注明起始页数,另一边由他记分,首格代表 100 分到 90 分,次格为 89 到 80 分,如此顺推下去。每批改一篇就在应得分数格里标上记号,学期结束时,只要把这些记号连接起来,就出现一个升降表,因此学生成绩的进退便一目了然了。

朱自清的这种记分法,大大诱发了学生对写作的兴趣,更激励了他们学习的进取心。学生们都喜欢听他的课,中学部、师范部各年级都争着要求他上课,朱自清只得奔波于两部之间,尽量满足学生的要求。

朱自清的家里总是会有很多学生来拜访,这些学生都是来向他请教问题的,三三两两,络绎不绝。其中有一个刚从日本回来的学生,他的父亲特地托朱自清指点。这个学生是在日本

接受的教育,对国文一窍不通。于是,朱自清便告诉他,文字的运用和艺术的境界是国际性的,其中最大的区别只是使用的符号和文字的不同罢了。

朱自清要这个学生在这一原则下去领会自己国家的文字。他还选了《辛夷集》并花了近三个月时间为这个学生讲解,并经常和他闲聊,锻炼他的汉语能力。时间一久,两人结下了深厚的友谊。

后来成为《中央日报》社社长的马星野回忆说:

> 朱自清在温州十中教书时,我是 14 岁的学生。他鼓励我多写,要我在课外多读些文学方面的书,他那时写作很多,当他在接到稿费的时候,总不忘记买几本书给我共同欣赏。这一年间,他的《毁灭》《笑的历史》《桨声灯影里的秦淮河》发表,每次我都分享到快乐和荣耀。

在朱自清热心的教育下,学生们对新文学的兴趣大大提高,当地刊物、日报副刊上的新文艺作品也骤然增多,因此,温州的新文学运动,顿时高涨起来。朱自清的学生朱维之说:

> 佩弦先生拿了新文艺的火炬来到温州,使这里的新文学运动,顿放光明。当地刊物、日报副刊上的文学作品骤增,这显然是受他的影响。

繁忙的工作间隙,与新朋旧友的交往游历也激发了朱自清的创作灵感,这时的他迎来了一个散文写作的丰收期。1923 年暑假,朱自清带着怀孕的妻子和孩子们回到扬州探望父母。

闲来无事,朱自清便与老友俞平伯相约前往南京游览。这时的两个人都对现实既有不满又有期冀,他们在矛盾纠结之中备感苦闷迷茫,于是决定一起去秦淮河划船。

秦淮河历来就是文人墨客歌咏凭吊的场所,那迷人妩媚的风光、蕴含兴亡之感的史迹,更加引起二人的怅惘之感。朱自清回到温州后,两人还以"桨声灯影里的秦淮河"为题目,各自作了一篇散文,将夜泛秦淮的感受尽情抒发。很快,两篇风格不同、各有千秋的动人之作流传开来,成为现代文学史上的一段佳话。

在新学校,朱自清还结交了数理、国画教员马孟容和马公愚两兄弟。马家是当地很有名望的书画世家,朱自清非常喜爱马孟容的画作。由于两家离得很近,因此朱自清经常带着妻子和儿女到马家赏花品画。

马孟容曾经还把自己创作的一幅画作送给朱自清,并请他题诗。朱自清细细品味一番后,将自己的感受写成了题为《月朦胧,鸟朦胧,帘卷海棠红》的散文。足以见得,马家兄弟和朱自清的交情深厚。

听说朱自清终日忙碌,几乎没有时间饱览温州的山水名迹,马公愚便和另外两个朋友陪他一起去温州东南十多公里处的仙岩山游玩。此时恰逢金秋十月,秋高气爽,最宜出游。他们先去了仙岩寺,又来到了梅雨亭。

马公愚带领着朱自清攀过乱石,然后穿过一道石穹门。没想到呈现在他们眼前的是一汪清澈碧绿的潭水,那绿色的潭水像一片极大的荷叶向四周铺展着。

见此景色,朱自清惊诧之余又感觉神清气爽,他站在水边

风趣地对马公愚说:"这潭水太好了!我这几年看过不少好山水,但是哪里的水也没有这潭水绿得这么静,这么有活力。平时见了深潭,总未免有点心悸,偏这个潭越看越爱,掉进去也是痛快的事。"

过了一会儿,朱自清又感慨道:"这水是雷潭下来的,那样凶的雷公雷婆,怎么会生出这样温柔文静的女儿呢?"

朱自清打定主意,回去后一定要写一篇关于梅雨潭的文章,这篇文章就是写于1924年2月的《绿》。

浙江十中校园氛围民主自由,同事间相处也非常融洽,朱自清在这里度过了一段难忘的时光。然而,经济的窘迫却无时无刻不在困扰着他。

朱自清当时每月的薪水是30多元,那时一元大洋能买百斤谷子,30元的月薪在当时可以算是一笔不小的收入了。可是,他既要维持妻儿的生活,又要赡养自己的老父老母,家中负担实在太重。偏偏那时学校经费又很紧张,连教员的薪水都发不出,当月的工资往往不能按时发放,一学期下来朱自清只能领到三个多月的工资。

因此,本可以继续受聘留任的朱自清,为了生计不得不在1924年2月下旬离开了浙江十中。这一次,他要前往宁波到浙江省立第四中学(以下简称"浙江四中")去任教。此时家中已经捉襟见肘,为了省去一笔搬家费,朱自清便把家属留在了温州,独自一人前往宁波谋生去了。

经历军阀大混战

朱自清到达宁波的浙江四中时，正赶上学校的学制改革，中学与师范合并，学校将中学6年分为三段，前2年为初中，中间2年为公开高中，后2年为分科高中，分文理二科。

朱自清在浙江四中担任文科国文教员。他不用学校发给的教科书，而是自编教材，他还将鲁迅的《阿Q正传》和《风波》等编列进去。他教学一贯严谨，备课充分，讲究方法，循循善诱，因此深受学生们的欢迎和喜爱。

学生们常去他住处求教，他每问必答，绝不敷衍了事，因为来访的人多，朱自清索性在屋中放了一张桌子，让学生们环桌而坐。他总是不厌其烦地解答学生们提出的各种问题，或释疑语义，或阐明语源，或传授方法，往往长达数小时。

在宁波，朱自清没有什么朋友。有一天，俞平伯突然来访，他大喜过望，于是就邀俞平伯到李荣昌酒馆小喝一杯。那儿的特色是野味，有竹鸡、鸽、鹌鹑、水鸭等，他们还要了2斤酒，在嘈杂市声，暗黄灯火里，二人把酒谈心。

在浙江四中的教师中，朱自清和夏丏尊交往最多，夏丏尊大朱自清12岁，曾在浙江省两级师范学堂执教，还和鲁迅做过同事，后来他又在浙江一师教书。1921年，夏丏尊在上海中国公学任教时，经刘延陵的介绍而结识了朱自清。后来，1924年，夏丏尊回到家乡在虞白马湖春晖中学任教，同时还在浙江四中

兼职,教作文课。

夏丏尊一见到朱自清,便十分高兴,当即决定聘请这位学识丰富的老相识到春晖中学兼课。于是,为了贴补家用,朱自清很快就答应了下来。就这样,从 1924 年 3 月 2 日开始,朱自清到上虞春晖中学教了一个月的书。不过由于两地奔波,实际上他只在那里待了两星期。

虽然兼课时间短暂,但是春晖中学的师生们对朱自清的到来都十分重视,当月《春晖》半月刊就曾在他兼课前登出一则消息:

> 本校本学期添聘的国文教员朱佩弦先生自本月起到
> 校就职。

作为经验丰富的教员,朱自清与夏丏尊对中学教育都极有自己的想法,他们自编教材,鼓励学生成立文学社团、创办文学刊物。为了加强宁波文学研究会成员间的联系,朱自清和夏丏尊等人还成立了文学研究会宁波分会,以浙江四中为阵地探讨"文学与人生"等问题,促进了宁波的文学思想解放。

但是,朱自清对宁波的生活还是不大习惯,他常常怀念温州的山水和友人,而且家眷又不在自己身边,所以他感觉十分孤独。后来,他在 3 月写的《别后》一诗,是对他当时生活和心情的真实反映:

> ············
> 成日坐在有刺的椅上,
> 老想起来走;

空空的房子，

冷的开水，

冷的被窝——

峭厉的春寒呀，

我怀中的人呢？

你们总是我的，

我却将你们冷冷的丢在那地方，

没有依靠的地方！

我是你唯一的依靠，

但我又是靠不住的；

我悬悬的

便是这个。

…………

除了孤身一人的寂寞而外，学校复杂的环境和人事关系是让人不快的重要因素。1923 年，私立春晖中学校长经亨颐，被派兼任浙江四中校长。在他就任之前，当地的遗老、新贵、财主和富绅们组成了一股恶势力，他们联络学校的旧派教员给省里发电，反对他出任校长。

经亨颐到任后，在学生和进步教员的支持下，大力提倡白话文及其他改革，因此旧势力才有所收敛，但他们仍然明里暗里地挤兑经亨颐，搞得学校气氛很不融洽。这些一切的事情，都令朱自清感觉到了窒息，他甚至还有脱离教育界的打算。

在宁波，朱自清经常想起他在温州度过的时光，温州的山水那么清秀，温州的朋友那么可爱，他在给马公愚的信中也直

言不讳地说他喜欢温州而厌恶宁波。

为了传播新文学,来到浙江四中不久,朱自清便与叶圣陶、俞平伯等商议再度合作出版刊物,并很快敲定了相关事宜。根据计划,第一期《我们的七月》由俞平伯担任主编,朱自清等人负责撰稿。

朱自清很快就进入了创作状态,继《月朦胧,鸟朦胧,帘卷海棠红》和《绿》之后,他以温州生活为主线,又创作出了《白水漈》和《生命的价格——七毛钱》,这四篇作品后来结集为《温州的踪迹》。不过,醉心于创作的朱自清并没有忘记与自己分居两地的家人,暑假一到,归心似箭的他便马上回到了温州。

暑假期间,中华教育改进社在南京召开第三届年会,尽管朱自清不是该社的社员,但是他也想观光一番。于是,他在7月1日乘火车到上海,2日便和上海的会员们一起前往南京。本来说好由招待员负责就可以买到半票,但是闹了半天竟不能办到,朱自清只得自个儿想办法,挤了一身汗才买到一张三等票。

7月3日开幕大典,天气很坏,朱自清冒着狂风暴雨坐了黄包车赶去列席旁听。一到会场,只见车水马龙,黑色的警察和灰色的士兵一片静默肃立,原来是有大人物到场了。只见督军齐燮元、省长韩国钧、督办高恩洪犹如三尊佛像一样,端坐在台的正中间。

齐燮元张开大喉咙训话,他甩腔拖调一字一板地在"中华教育改进社"上做拆字戏法,先讲"教育",继说"教育改进",再谈"中华教育改进",最后则在"社"上大做文章,层层递进,胡说八道。朱自清越听越觉得难以接受,他认为这齐督军讲话实在是典型的"半篇八股"。

　　韩省长也有一篇开会词发给大家,朱自清看里头有一节论及现在学风的不良,颇有痛心疾首之意,就很想听听他的高见。可是,却不料韩省长却大谈什么"统一要靠文化"的谬论。因此,朱自清感到失望极了,在他的感觉中,这次所谓教育改进会,实际上只是一幕喜剧罢了,他本想列席参加,增长见识,想不到反惹了一肚子气。

　　会议一结束,朱自清便马上回到温州和家人团聚。不久,他收到东亚图书馆寄来的两本《我们的七月》杂志,丰子恺是封面的设计者,32开本的杂志如同一本书,装潢精美,别具一格。朱自清在其中刊发的作品最多,他反复翻看,爱不释手。

　　然而,幸福的时光总是短暂的,暑假结束后,朱自清不得不再次告别家人前往宁波。起程之前,温州的浙江十中的老同事都来为他送行,校长金嵘轩还诚恳地邀他明年春天再来执教,朱自清爽快地答应了。可是,被离愁别绪包围着的朱自清怎么也不会想到,没过多长时间他就不得不再次赶回温州。

　　原来,1924年9月,江、浙、闽一带爆发了军阀大混战,战火随时都会蔓延到温州。身在宁波的朱自清是从报纸上得知这一消息的,此时家中也没有书信报平安,因而他心中十分烦躁。恰在此时,朱自清接到了夏丏尊的来信,要他立即到白马湖的春晖中学。朱自清觉得春晖中学这次很可能是专门聘请自己。

　　9月23日,朱自清乘车前往白马湖,正如他所料的那样,自己果然得到了校方正式聘用,因此他担任了一班国文教师。就在第二天,朱自清终于收到了妻子的来信。他从信中得知,温州局势十分紧张,而妻子的身体又出现不适,要照料一家老小已是十分吃力。读完信件,朱自清决定请夏丏尊暂时代课,自

已下午先回宁波打听消息。

这时的温州已经乱作一团。人们惊恐万分，纷纷扶老携幼，逃到临近偏僻的山中避难。但是朱自清一家有五口在温州，除了老母亲、妻子，还有三个儿女，举目无亲，又身无分文。正当他们一筹莫展的时候，朱自清的好友马公愚伸出援手，邀他们一同去瓯江北岸山里避难。

于是，朱老太太和武钟谦匆匆收拾了一下，便跟随马家登上了租来的小船，到了一个名为枫林的地方。过了几天，武钟谦听说局势起了变化，温州可能没事了，她怕朱自清回到家中见不到人心中着急，便决定回温州。

马公愚无论怎样劝阻都没有用，于是他只好借给武钟谦 10 元大洋，并托付了一个用人护送他们回到温州。这时，朱自清尚未回到家中，浙江十中教员怕朱家老弱妇孺住在偏僻的寓所不安全，便把他们接到了学校中暂住。

25 日晚，朱自清接到了温州电报，得知全家住在浙江十中，这才稍稍放下心来。他立刻从宁波动身赶往温州，不料乘坐的永宁轮至海门时因前方发生战事忽然停止行驶，心急如焚的他只能改道。

朱自清在步行 100 多里后，终于搭上了一艘船，并在 9 月 30 日抵达温州与家人平安团聚了。想到温州已经不宜久住，朱自清决定带着一家老小迁往白马湖的春晖中学。

决心离开江南

在杭州湾东岸的杭甬线中段,有一片群山环抱风景秀丽的平原,其间碧水潋滟的白马湖迤逦数里。白马湖其实是一个乡下的小地方,据说从前有一个姓周的人骑白马入湖仙去,所以就有了现在这个名字。

白马湖也是曲曲折折、大大小小的许多湖泊的总称,湖水清澈见底。遇到旱年的夏季,别处的湖里都长了许多水草,这里却仍然是碧波荡漾。春晖中学就坐落在白马湖畔。

前面两次提及经亨颐先生,他是春晖中学的校长。校舍半西式,简洁整齐,设备精良;校风朴实,富有民主气氛,有"北有南开,南有春晖"之说。

朱自清于3月初来兼课时,就被那湖光山色迷住了。通向校门是一条狭长的煤屑路,最使人倾心的是一座小小的黑色木拱桥,慢慢地隆起又慢慢地低下,横跨在一条小溪上。桥的栏杆也小巧玲珑,朱自清十分喜欢,每次路过他都会在桥上逗留好久才肯离去。

白马湖清澈的水绕着校舍缓缓地流着,楼上教室都有栏杆长廊,凭栏远眺,山色水光,令人心旷神怡。朱自清之前一直都在都市里生活,这回见到这样幽美静谧的地方,心中难免有一种说不出来的喜悦。

更让朱自清惊异的是这里的教员,他们是一批致力于探索

新教育思想和新教育实践的有志之士。

朱自清来校前后,学校的教务主任是杨贤江。杨贤江是浙江一师的毕业生,是中国最早用马克思主义观点研究教育问题的教育家,在他所主持的《学生杂志》和其他教育杂志上,不断介绍新教育理论。不过由于当时他正在上海忙于编辑《学生杂志》,所以实际负责教务工作的是数学家刘勋宇。刘勋宇也是新教育界的活跃分子。

在教师中,起核心作用的是夏丏尊。他年岁最长,且素性耿直,恬淡自适,待人真诚,因此很受大家的尊重。学校里就是湖多,三面潺潺地流着,草地也大,看过去芊芊的一片。夏丏尊非常喜爱这里的自然环境,于是,他约了刘勋宇,在这个依山傍水的地方修建了几间瓦屋,而且这些屋子都是他自己按日本格式设计的,正屋用拉门隔开,前面会客,后面做书房,小巧而实用。夏丏尊把这些房子称为"平屋",含有平房、平民、平凡、平淡的意思。

丰子恺是浙江崇德县石门湾人,和朱自清同岁,也是经夏丏尊介绍到春晖中学教音乐、美术,兼任英文教员。丰子恺多才多艺,善于将诗词意境、学生生活、儿童情趣即兴画出。他也在湖畔建了屋子,也是按日本格式构造的,他喜欢初染鹅黄的嫩柳,便在门前种一株柳树,因此他的小屋叫"小杨柳屋",与"平屋"相映成趣。

朱自清全家搬来后就住在刘勋宇以前盖的小房屋里,和夏丏尊做了邻居,两家的前院只隔一垛矮墙。

夏丏尊爱种花木,讲究摆设,因此他挂一幅画,栽一盆花,种一棵树,都十分有艺术性,叫人看了十分受用。朱自清常到隔壁看夏丏尊拿着剪刀修枝,提着水壶浇花,在他院子里观花,在他屋里品画。

朱自清平时喜欢小酌两杯,但是量不大。夏家有一株紫薇开得很好,于是夏丏尊就常邀他在花旁喝酒。多年以后,朱自清在散文《白马湖》中写道:

> 湖光山色从门里从墙头进来,到我们的窗前、桌上。我们几家接连着;丏翁的家最讲究。屋里有名人字画,有古瓷,有铜佛,院子里满种着花。屋里的陈设又常常变换,给人新鲜的受用。他有这样好的屋子,又是好客如命,我们便不时地上他家里喝老酒。丏翁夫人的烹调也极好,每回总是满满的盘碗拿出来,空空的收回去。

> 白马湖最好的时候是黄昏。湖上的山笼着一层青色的薄雾,在水里映着参差的模糊的影子。水光微微地暗淡,像是一面古铜镜。轻风吹来,有一两缕波纹,但随即平静了。

> 天上偶见几只归鸟,我们看着它们越飞越远,直到不见为止。这个时候便是我们喝酒的时候。我们说话很少;上了灯话才多些,但大家都已微有醉意,是该回家的时候了。若有月光也许还得徘徊一会;若是黑夜,便在暗里摸索醉着回去。

> ....

朱自清也经常到丰子恺的小杨柳屋里做客。有一天,丰子恺给朱自清刚满 4 岁的女儿阿莱画了一幅画,夏丏尊提起笔来

在上面题道:

丫头四岁时,子恺写,丏尊题。

朱自清对这幅画爱不释手,后来将其作为了散文集《背影》的插页。

应夏丏尊之邀来春晖中学执教的,还有一位英文教师朱光潜,他只比朱自清小一岁。由于朱光潜和朱自清身材相近,性格与情趣也很相似,因此不少人都以为他们俩是亲兄弟。朱光潜原来也在上海中国公学任教,他十分敬重朱自清。

在朱自清的朋友中,还有教授数学并兼任训育主任的匡互生。匡互生是湖南人,曾经参加过辛亥革命,为人热情而真挚。五四运动时,他曾经率众人攻进了曹宅,并点燃了火烧赵家楼的第一把火。朱自清对这位英勇的革命家极为钦佩。后来1933年匡互生去世时,朱自清还写了《哀互生》一文,以示对匡互生的哀悼之情。

虽然朱自清授课任务十分繁重,但是他仍坚持因材施教,充分满足学生们的求知欲。春晖中学国文教材内容多选自《新青年》《新潮》等杂志,朱自清就从教授这些白话文入手。通常他自己念一遍,或者叫某个学生念给大家听,遇到有问题的地方便停下来给学生们讲解。

朱自清在教育理念上也有自己的思考和见解。他十分注重对学生进行全面的人格培养,曾在《中等学校国文教学的几个问题》一文中提出,学生学习能否认真用功,关键在于教师。因此,他下决心从自身做起,以严正的态度对学生进行教育。

朱自清要求学生做学问就一定要认真，千万不能有半点马虎。他反对学生们写些内容浅薄的作品，主张要在尊重生活和个性的基础上写出有"味"的文章。

从自己的"刹那主义"出发，朱自清告诫学生要面向实际，把握现在。他的这些真知灼见都对学生有着极大的启发。然而，令朱自清始料未及的是，看似平静的白马湖也未能避免新旧思想的交锋，1924年底，春晖中学连续发生了风潮。

在一个寒冷的早晨，学生黄源戴了一顶绍兴毡帽上早操，遭到了体育教员的训斥，师生间由此起了冲突。匡互生和丰子恺等人支持学生，而一些守旧的教员则乘机攻击思想先进的教员。结果，学校不得不提前放假，并开除了28名学生。这一决定使匡互生与丰子恺等一些教员愤然辞职。

匡互生与丰子恺离开的那一日清晨，雪花纷飞，很多学生纷纷前来送别他们。他们背着铺盖，打着雨伞，在学生们的痛哭与不舍中离开了这片曾经的乐土。

与此同时，夏丏尊、朱光潜等多位教员也因主张男女合校，导致与校长意见不合而集体辞职了。尽管好友纷纷离开，但是朱自清仍然选择留在了春晖，因为他的家庭负担太重了，况且自己之前又答应了浙江四中要在那里兼课。因此，一时之间，白马湖变得萧瑟冷寂，朱自清不禁愁绪万千。

就在朱自清踌躇之际，1925年，震惊中外的"五卅惨案"爆发了！众多烈士的血光，犹如漆黑太空中一道闪电，瞬间把一切照亮，有力地震慑着人们的心魄。消息很快传到白马湖，这时朱自清正在小山坳的一所房子里，写一篇书评《山野缀拾》，6月1日才回到校里。当他得知这一惊天动地的血腥消息时，

不禁怒愤异常，心潮难平。他似乎满眼看到的尽是血，那红彤彤的热血，如熔炉的铁水，如火山喷发的岩浆，如长江水一样汩汩地流淌着，这是中国人民的血啊！他以颤抖的手拿起笔来，抒写战斗诗篇《血歌——为五卅惨剧作》：

> 血是红的！
>
> 血是红的！
>
> 狂人在疾走，
>
> 太阳在发抖！
>
> 血是热的！
>
> 血是热的！
>
> 熔炉里的铁，
>
> 火山的崩裂！
>
> 血是长流的！
>
> 血是长流的！
>
> 长长的扬子江，
>
> 黄海的茫茫！
>
> 血的手！
>
> 血的手！
>
> 戴着指，
>
> 指着他我你！
>
> …………

　　在这首诗里，朱自清一改过去的诗风，以简短的句式排列，形成急促的节奏，如急雨，如战鼓般激励人们去同帝国主义者进行拼死的决斗。

过了几天，他又写了一首《给死者》：

你们的血染红了马路；

你们的血染红了人心！

日月将为你们而躲藏！

云雾将为你们而弥漫！

风必不息地狂吹，

雨必不息地降下！

黄浦江将永远地掀腾！

电线杆将永远地抖颤！

上海市将为你们而地震！

…………

在这首诗中，朱自清以自己丰富的想象，沸腾的激情，表达了对五卅死难烈士无限悲恸的心情，更表现了全民族的哀痛和愤怒。五卅惨案犹如一块巨石，击碎了朱自清本已平静的心境，于是，热血又在他的血管里沸腾。他又开始了思绪万千、坐卧不宁的生活。

此时的朱自清对白马湖腻透了，他的心情冷漠而孤清，这五年奔波于各地的教书生活，他也受够了，因此他决意要走，要离开这令人生厌的教育界。

朱自清下定决心要从这条"死路"中跳脱出来，他想到商务印书馆去，读自己想读的书，甚至可以不计报酬、不问职位。不过，商务印书馆的工作最终没有联系上。

后来,俞平伯介绍朱自清到清华大学国文系任教授。就这样,暑期过后,朱自清把家人留在白马湖,独自一人北上了。

从此,朱自清告别了持续五年的中学教员生涯,告别了江南的青山绿水,开始了一辈子服务于清华、服务于大学教育的历程。

第三章

在清华的生活

在清华的孤独生活

时光荏苒，如白驹过隙。在南方奔波了五年之后，朱自清于 1925 年 8 月再度回到阔别已久的北京。他把母亲、妻子和四个儿女留在白马湖，只身来到清华。由于他刚从南方回来无处落脚，便暂住在朝阳门附近一个朋友家中。

虽说是重返故地，但是清华对于朱自清而言还是过于陌生。由于从前他在北大读书的时候，总是在城圈儿里待着，四年中虽然去过三五回西山，却从未到过清华。因此，说起清华，他只觉得很远很远而已。

北京西直门外，有一条漫长的马路，蜿蜒向北而去。穿海甸（今海淀区海淀街道）再顺路向右转，过圆明园遗址，才到清华学校。因为离北京城还有段不近的距离，所以清华师生进城出城都不太方便。不过，也正因为如此，清华园才可以自成格局。

清华园原是清王朝某位亲王消夏避暑的花园。1907 年底，美国总统老罗斯福提出，返还"庚子赔款"中的美国所得款项，用以在中国办一所留美预备学校。1909 年，清政府设立了游美学务处，作为派遣留美学生的主管部门，并规定清华园为学务处所属肄业馆的馆址。后来，学务处改肄业馆为"清华学堂"，作为正规的留美预备学校。1911 年 4 月底，清华学堂正式开学，从此开始了清华的历史。

1912年，"清华学堂"改名为"清华学校"。由于清华有着优美的校园、第一流的教学设施、图书仪器设备和充足的经费，因而在度过最初几年的创办阶段、逐步走上正轨之后，学校当局便不再满足于中等学校的规模和程度，产生了创办大学的设想。经过近十年的筹备，到20年代中期，随着清华留美学生的逐年回归，条件日趋成熟。

这时，中国的文化教育也有了较大发展，全国中小学校及其学生人数有了成倍的增长，教育程度也迅速提高，全国大学也从1912年的4所、2000余学生发展到47所、2万余学生。随着文化教育的发展，国内掀起收回教育权、争取教育自主学术独立的运动。

而一批返校任教的清华留美学生，眼见物质条件不如自己的北京大学办得有生气，学生质量、学术水平都较高，对清华的落后状况深感不满。因此，从学校的前途着想，为了防止美国返还的"庚子赔款"用完后学校出现难以为继的局面，也只有节省经费、积储基金，自办永久性大学。

在学校和社会热心人士的推动下，1925年5月，清华学校增设了大学部和研究院"国学门"，并招收学生。1926年，大学部又改为4年学制，并设立了国文学系等17个系，开始形成了清华大学的初步基础。

当时清华大学的教务长是张仲述，朱自清不认识他，于是便和自己的朋友商量写一封信去，约定第三天上午前往拜访。朱自清做事一向都很认真，他问朋友，从朝阳门到清华10时出发能到吗？朋友也说不清楚，便建议他8时起身，然后雇洋车直到西直门换车，以免老等电车误事。

可是,第三天是个阴天,朱自清跨出朋友家门口已经是 9 时多了,他心中不免有点着急。车又走得慢,磨磨蹭蹭的。真正到达目的地,已经是 12 时了。

朱自清坐在客厅等了一会儿,出来一个高个子、长脸、样子很能干的人,这就是他所要会见的教务长张仲述。张仲述和朱自清谈了一会儿才客气地分手了。这次简单的交谈后过了两天,朱自清便带着简便的行李,从朝阳门朋友家搬出,住进了清华园古月堂。

清华园很美,但是朱自清孤身一人,初来乍到,没有什么朋友,心里难免有些寂寞。平时除了上课之外无处可去,因此他便喜欢徜徉于工字厅和校园内外。可是,看着眼前这陌生的一切,他总是会想起江南的青山秀水。

秋日的一个下午,朱自清独居无聊,便一个人进城逛了一圈。返校时在海甸下了汽车,信步走进仁和酒店。他选了一张临街的方桌,要了一碟苜蓿肉、两张家常饼和二两此店闻名的茵陈酒莲花白,自斟自饮起来。几杯酒下肚,往事一幕幕袭上心头。

朱自清想到自从毕业离开脚下的这座古城后,便马不停蹄地在江浙一带奔波,前后换了七所学校,如今又回到了这座古城,然而时光却已流过了五年。五年的风尘漂泊,五年的甜酸苦辣,都留在了那令人魂梦萦绕的南方。酒入愁肠,不知不觉,朱自清信口吟出一首小诗《我的南方》:

　　　我的南方,
　　　我的南方,

那儿是山乡水乡！

那儿是醉乡梦乡！

五年来的彷徨，

羽毛般地飞扬！

朱自清怎能忘了南方的山山水水、乡土人情？那里有他的亲朋故友，有他年老的父母和弱妻稚子。在那里，他有过快乐，也有过痛苦，南方毕竟是他耕耘过的土地、汗水洒过的地方啊！

最叫朱自清难割难舍的就是这世界上最亲近的几个人，父亲、母亲、妻子和几个孩子，都还住在那遥远的南方。几年来，自己东奔西跑，常常把妻子扔在家里，让她瘦削的肩膀去独自支撑家庭的重担，直到现在，这种局面依然没有改变。

遥想妻子所承受的孤立无助的痛苦和排遣不去的离情别怨，朱自清就会泛起一种难以言说的歉疚和思念。一年多后，他写下一首《虞美人》来表达此时他的离情别绪：

烟尘千里愁何极，镇日无消息。可怜弱絮不禁风，几度抛家傍路各西东。

一身匏系长安道，归思空萦绕。梦魂应不隔关山，却又衾寒灯灺漏声残。

10月的一天，他接到南方来的一封信，是父亲寄的，其中写道：

我身体平安，惟膀子疼痛得厉害，举箸提笔，诸多不便,大约大去之期不远矣。

看到这里,朱自清不禁悲从中来,泪如泉涌,想到父亲待自己的种种好处,特别是八年前料理完祖母丧事后,父子同车北上,在浦口车站分别的情景,犹如电影镜头一样历历在目。他似乎再次看到父亲为了给自己买橘子,蹒跚地走过铁道,两手上攀,两脚上缩,肥胖的身子显出努力样子的背影。

想起当时的一切,朱自清十分后悔自己那时年轻无知,不能体察父亲的爱子之情,心中还老嫌老人说话不漂亮,暗地里笑他的迂腐。他又想到,父亲少年出外谋生,东奔西走,以致现在身体早已垮掉。哀伤和想念之情如滔滔潮水,铺天盖地而来,在晶莹的泪光中,朱自清仿佛又看见父亲肥胖的、穿着青布棉袍黑布马褂的背影!

"我与父亲不相见已是二年余了,我最不能忘记的是他的背影。"后来,朱自清含着泪伏案疾书,以朴实的笔调细致地叙写那次和父亲别离的情景,透过父亲的一言一动,揭示了他对儿子的无限怜惜、体贴、依依难舍的深情。

22年后,当《文艺知识》编者问朱自清写作这篇《背影》的情况时,他答道:"我写这篇文章只写实,似乎说不到意境上去。"

著名文学家、教育家李广田曾经评价《背影》说:

《背影》一篇,寥寥数十行,不过千五百言,它之所以能历久传诵,只是凭了他的老实,凭了其中所表达的真情。这种从表面上看起来简单朴素,而实际上却能发出极大的感动力的文章,最可以作为朱先生的代表作品,因为这样的作品,正好代表了作者的为人。由于这篇短文被选为中

学国文教材,在中学生心中"朱自清"这三个字已经和《背影》成为不可分的一体了。

1928年冬天,散文集《背影》出版后,朱自清把书寄回了扬州。弟弟国华从邮差手中接过书,奔上楼,送到父亲手中。父亲戴上老花眼镜,仔细读起了这篇散文,老人神采飞扬,露出了欣慰的笑容。《背影》是朱自清的代表作,也是中国现代散文史上的一篇经典之作。

目睹大屠杀

1925年11月,趁帝国主义与段祺瑞临时执政府召开关税会议期间,中共北方区委发动了一次大规模的"首都革命"。北京各校学生、工人武装保卫队等纷纷走上街头,提出"打倒奉系军阀""打倒段政府""实行关税自主""废除不平等条约"等口号,马路上到处竖起鲜艳的红旗,革命的紧张气氛逐渐高涨。

在北方区委和李大钊的率领下,革命群众包围了段祺瑞执政府驻地,要求这个卖国贼下台。北方革命群众运动的兴起,使反革命势力大为恐慌,因此他们便互相勾结起来对付这场方兴未艾的革命风暴。

1926年1月,东北的张作霖(奉系军阀)和湖北的吴佩孚(直系军阀)取得"谅解"。奉系和直系的重新握手言和,意味着他们背后的日、英帝国主义企图联合以便干涉中国人民的革命。

果然不出所料,2月22日,上海《字林西报》公开报道要用10万兵力,北攻天津,中攻沪汉,南攻广州,两年内征服中国。

2月27日,4万多北京群众在天安门前召开了反英讨吴的国民大会,揭露了英帝国主义侵略中国的阴谋,他们高喊"打倒吴佩孚""反对张吴联合""反对英国封锁广州""要求国民政府北伐"等口号。

3月的北京依然是一片灰色的世界。北风在大街小巷里肆虐,扬起阵阵尘土风沙,发出尖锐的哨音。往来的行人裹紧头脸,匆匆而过,只有光秃秃的树木,默默承受着北风的鞭打,顽强地挺立着。黝黑如铁的枝干,指着灰蒙蒙的天幕,如同一片愤怒的手臂。

公共场所及大学所在地区,翠花胡同和南花园国民党市党部、东交民巷苏联公使馆前后,全都布满了头戴黑呢礼帽、身穿黑布大褂、鼻架墨镜的密探。奉系军阀张作霖在日本帝国主义的支持下进兵入关后,对冯玉祥管辖的京津虎视眈眈。

冯玉祥的国民军为了防止奉系军舰的袭击,封锁了天津大沽口。日本帝国主义为了维护其在华利益,公然出兵干涉,于12日出动两艘军舰掩护数艘奉系军舰闯入大沽口,炮击国民军。后来,国民军奋起反击,终于击退了日舰。

大沽口事件后,日本帝国主义借口国民军违背《辛丑条约》,纠集英、美、法等8国公使,于16日向中国段祺瑞临时执政府提出最后通牒,他们要求在天津和大沽口之间撤除军事防务,并限48小时内答复,否则就会动用武力解决问题。

后来,段祺瑞执政府屈服于帝国主义的压力,准备接受8国公使提出的屈辱条件。帝国主义的强盗行径激起了北京人

民的极大愤慨。17日,北京学生总会、北京总工会、中国国民党特别市党部等200多个团体的代表分别到段祺瑞执政府和外交部请愿。没想到,这些人却遭到了卫兵的殴打,以至于造成了非常严重的流血事件。

朱自清一直都在密切地注视着这个风云变幻的时局,他和北京广大民众一样,为帝国主义的蛮横挑衅,感到无比愤怒。3月18日上午10时,北大、清华、北师大、燕京大学等80多所学校的学生,和北京总工会、北京学生总会、国民党北京市党部等140多个团体的成员共约5000人,在天安门召开了"反对八国通牒国民示威大会"。

大会主席台前悬挂着"驳覆列强最后通牒""废除《辛丑条约》""撤退外国军舰"等口号,以及前一天受伤代表的血衣。大会主席团主席徐谦主持了会议,顾孟余等人发表了演说,并报告了昨日向执政府和外交部交涉经过和执政府卫队打伤代表的情形。

最后,一致通过了国民大会致公使书及反对最后通牒、反对8国进攻中国、宣布《辛丑条约》无效、支持国民军反对帝国主义等八项决议。

会后,2000多名学生、工人和市民进行了示威游行。他们一路散发传单、标语,高喊"打倒帝国主义""严正驳覆最后通牒"等口号,并来到了铁狮子胡同临时执政府国务院门前,清华学校的队伍在后面,朱自清当时也在这支游行示威的队伍中。

当他们来到执政府门前时,场上早已挤满了学生。执政府铁栅紧闭,门前与学生对峙的是两三百名卫兵,分三队站立。他们若无其事地悠闲地站着,仿佛什么事也没有一样。执政府内正面楼上的栏杆里挤满了人,好像在看热闹。然而,善良的人们怎么也没有想到,这里竟包藏着一个巨大的阴谋。

学生选出5名代表进入国务院交涉,但是政府有关人员早已躲避。斗志高昂的学生便准备前往吉兆胡同的段祺瑞住宅去请愿,于是,队伍纷纷散开准备出发。然而,刹那间,一声警笛响了,执政府门楼连响三声信号枪,一场蓄谋的屠杀开始了。

卫队军官口吹警笛,手舞指挥刀,指挥着大门口和东西辕门的士兵专往人多的地方开枪。就这样,一声警笛,一排枪声,警笛一声接一声,枪声一阵紧一阵。

顿时,许多学生中弹倒地,血肉横飞。未中弹的学生匆忙四散奔逃,从东西两栅门向外撤退。可是,西门附近密密麻麻的三层卫兵却对准人群用排枪扫射,东门的卫兵也挥舞着带棱的大棒向逃出的学生迎头猛击。这时,从吉兆胡同赶来的手枪队也从街上向胡同里射击。

就这样,东西两门口尸体狼藉,惨不忍睹。枪响时,朱自清距离卫兵只有二十几步远。他见别人趴倒在地,也赶紧趴了下来,随即他身上又趴上了人。

就在这时,噼里啪啦的枪声又响了起来。善良的朱自清还以为这些只是吓唬人的空枪呢,没想到,没一会儿,同胞的鲜血就滴滴答答地流到了他的手背和马褂上。

枪声稍歇时,朱自清赶紧爬起来随众人往外奔逃。他来到东门,只见门口地上尸体纵横,拥塞得几乎水泄不通。朱自清好不容易和两个女学生逃出东门并往南行时,枪声又响了。于是,他们只好进入一个胡同躲避。不料,刚要拐进去,一个立在墙角穿短衣的男人对他们轻轻地说:"别进这个胡同!"

于是，朱自清和两个女学生听从了他的话，赶紧跑到第二个胡同，这才真的脱了险。朱自清事后才得知当天街上还有抢劫的事，大兵们用枪柄、大刀、木棍，打人砍人，而且还剥下死人的衣服，无论男女，大多被剥得只剩一条短裤。

据统计，3月18日这一天，当场被杀死47人，受伤200多人。这就是震惊中外的三一八惨案。在这一天，朱自清算是历尽艰险，死里逃生了。

惨案发生后，段祺瑞执政府为了推卸责任，掩盖罪行，制造伪证，散布谣言，他们谎说军警系出于"正当防卫"。段祺瑞还下令通缉共产党首领李大钊和国民党首领徐谦、顾孟余等人。

然而，墨写的谎言，决掩不住血写的事实。惨案发生后，正义的人们纷纷撰文揭露抨击段祺瑞执政府的罪恶行径。鲁迅连续发表《无花的蔷薇》《死地》《可惨与可笑》《纪念刘和珍君》《空谈》等文，愤怒谴责了军阀政府的暴行和帮闲文人的无耻谎言；陈翰笙的《三月十八日惨案目击记》和张梓生的《三月十八日国务院前之大惨杀事件》也都以亲历者的身份写下了详细的目击记。

朱自清对这伙暴徒的无耻行径感到十分愤怒，在惨案发生后的第五天，他也写下了《执政府大屠杀记》一文，用自己的亲身经历，来揭穿军阀政府的谎言，控诉段祺瑞一伙屠杀爱国群众的滔天罪行。在写出了自己所经历的惨案过程之后，朱自清还愤怒地写道：

……这回的屠杀，死伤之多，过于五卅事件，而且是

"同胞的枪弹"，我们将何以间执别人之口！而且在首都的堂堂执政府之前，光天化日之下，屠杀之不足，继之以抢劫，剥尸，这种种兽行，段祺瑞等固可行之而不恤，但我们国民有此无脸的政府，又何以自容于世界！——这正是世界的耻辱呀！……

朱自清万万没有想到，他刚刚到北京半年，就历经了这么一场猛烈的黑色风暴，而且还成为最近的目击者，还以自己亲身经历，为这黑暗的一天写下了血的纪实。

最令朱自清感到伤心的是，清华学校一个学生韦杰三当场被枪击倒地，是同学们冒死把他抬出来的。朱自清认识韦杰三。有一天，他正好坐在房里看书，忽然有人敲门，进来的是一个温雅的少年，这就是韦杰三。

韦杰三是由朱自清的同学苏甲荣介绍来的，他前晚来过，但是由于当时朱自清没在，所以这回他又特地来了。韦杰三和朱自清闲谈了一会儿后，就很有礼貌地告辞了。后来，韦杰三的国文课被分配在别的老师班里，他很想转到朱自清的班上，没有成功。

韦杰三家境并不宽裕，父老弟幼，弟弟常常因为交不起学费而失学，而韦杰三的学费，有一半是靠自己休学做教员赚来的，一半是靠向人借贷的。他虽穷，但是他从来不会平白无故地接受人家的钱。他年纪虽轻，却极有骨气，因此朱自清对他很有好感，也觉得他十分可爱。

3月18日早上，朱自清还碰到了韦杰三；和平常一样，韦杰三微笑着向老师点头问好。三一八惨案当天晚上，朱自清得到

消息,说韦杰三已经中枪死了。朱自清得知后很是痛惜。不料,他无意中在学生会布告栏上得知韦杰三还活着,于是,朱自清高兴极了。

第二天,朱自清便立刻进城前往协和医院看望韦杰三,谁知迟了一个钟点,医院不让进。朱自清怅惘地在医院门口徘徊了一会儿,问门房:"你知道清华学校有个叫韦杰三的学生在这里吗?他怎么样了?"

"不知道!"门房冷冷地回答道。

于是,朱自清在门口待到了傍晚,也没有想到办法进去,只好失落而归。21日,他得到消息说韦杰三不幸于午夜1时48分去世了。朱自清十分后悔,他责备自己,若是早去一个钟点,还可以再见韦杰三一面!于是,4月2日,朱自清怀着悲痛的心情,写下了《哀韦杰三君》一文,以表达自己的无限哀伤之情。

和家人在清华团聚

1926年夏天,天气格外炎热。朱自清趁着假期回到白马湖,与家人团聚之余,还打算利用这段时间写几篇文章。因为早在几年之前,他就曾答应友人白采为其诗集《羸疾者的爱》写两篇评论,可是迟迟没有动笔,这成为朱自清一直记挂着的一桩心事。

然而,正当朱自清刚要进入写作状态的时候,好友刘勋宇的一封来信却给了他一个晴天霹雳。原来,不久前,白采已经在从香港到上海的船上病逝了！想到这位年轻的诗人还没来得及见到自己的诗评，朱自清除了心痛之外还感到非常歉疚。

此时的白马湖酷暑难耐，可是朱自清仍然顾不上自己已经中暑的身体，怀着对亡友的深切思念，抱病完成了那篇迟来的《白采的诗》。8 月下旬，朱自清起程北上，途经上海时与叶圣陶等一些好友小聚，由此更加深入地了解到了白采的情况。

由于白采曾经于 1925 年秋天在立达学园任教，所以，大家决定在立达学园的杂志《一般》上推出"纪念白采"专栏。叶圣陶、夏丏尊等人纷纷撰文，朱自清写了《白采》一文，深情叙述了自己多年前与白采的结交经历。

正当打算离开上海之时，朱自清接到了郑振铎的陪宴请柬。原来，鲁迅因接受厦门大学聘请，特意从北京去了福建，他此时正在上海。为了表示欢迎，郑振铎特地设宴招待鲁迅，并邀请朱自清一同出席。这是朱自清和鲁迅的第一次见面。

朱自清回到清华后不久，就接到了丰子恺寄来的画集，请他品评。这是丰子恺的第二册画集，第一册画集是在去年这个时候寄来的。第一册画集里的画，大都是朱自清在白马湖时见过的，他喜欢那画里蕴含着的诗意。

想当初在白马湖时，丰子恺曾向朱自清提出过出版画集的希望。想不到，在短短的时间里，丰子恺竟然连续出了两册画集，因此，朱自清为老友的勤奋和成就感到由衷的喜悦。

第二册画集和第一册显然不一样，没有诗词画，都是生活速写。朱自清认为丰子恺的诗词画固然精彩，但是比起生活速写来则稍为逊色。画集中还多了几幅工笔画，这是丰子恺模仿日本某位画家的笔法创制的艺术品，别有一种细腻的风流和新

鲜的趣味。

时光飞逝,1927年1月,朱自清在清华已经度过了一年多的时光。身边既无家人也无朋友的日子总是令他感到无限寂寞,于是,经过一番深思熟虑之后,他决定回到白马湖将妻儿接过来。

作为四个孩子的父亲,朱自清对于子女的爱深沉真挚。但是苦于家中经济状况十分紧张,因此他不能把所有的孩子都带到北京来。于是,他和妻子商量,大孩子阿九和四女儿由母亲带回扬州,另外两个孩子阿采和闰生则跟着他们二人去北京。

很快,一家老小按照这个计划动身了。途经上海时,朱自清一家在这里稍微逗留了几日,因为朱自清想借着这次机会,与上海的很多朋友小聚几日。几天之后,朱自清终于要离开上海,前往北京了。

临走的那天晚上,老友叶圣陶拉着朱自清到小馆子里喝酒聊天。此时的叶圣陶正积极地投入反帝反军阀的斗争活动中,为了工作,他打破了早上7时起床、夜里9时就寝的惯例,一边撰稿一边编排,有时奋战一个通宵。22天里,叶圣陶以"秉丞"的笔名先后发表9篇文章。

这天,为了陪伴老朋友,叶圣陶将手中的工作暂停。酒后已是半夜时分,趁着月色正浓,他们在街上慢慢地散着步,正如他们以前在上海中国公学共同执教时那样边走边聊。离别时刻越近,不舍之意越浓,于是两人又拐进一品香饭店消磨了半夜。

第二天是朱自清坐船北上的日子,想到要和其中两个孩子分别,他十分难过。"只为家贫成聚散",朱自清突然想起这一句不知是谁写的诗,心中瞬间感到有些凄凉。他回头看了孩子们一眼,终于狠狠心硬着头皮离开了。

就这样,朱自清带着妻子和两个儿女搬进了清华园西院 16 号教员宿舍。尽管是一个不完整的家,但是家庭的初步安定,却给朱自清心理上带来了很大安慰,他的生活也走上了正轨。

这时,清华学校大学部经过一年的试办,于 1926 年秋天正式定为四年本科学制,并建立了国文系等 17 个系。分系后,作为国文系教授,朱自清不仅需要教全校大一的国文,还必须给本系学生开课。于是,从这时起,朱自清在继续从事文学创作的同时,把主要精力投入古典文学的教学与研究中。

中国古典文学对朱自清来说是个陌生的领域。他的大学本科三年读的都是哲学专业和文学,因此对古典文学接触甚少。但是,凭着他在少年之时打下的国学根基,以及五年的从事中学国文教学的经验,要想混日子倒也够用。不过,要想胜任国文系的教学,做一个称职的教授,也不那么容易。于是,做事认真的朱自清,决心一切从头开始。

为了暑假后给本系学生开"古今诗选"课,朱自清在认真钻研古典诗词的同时,还开始学习古典诗词的写作。在本系教师中,黄晦闻先生尽管思想陈旧,曾在五四时期竭力反对新文化运动,但是他的学问渊博,特别是在古诗方面的造诣很深。当初,朱自清在北大哲学系读书的时候,黄晦闻正在北大中文系任教,他是朱自清的老师。现在,朱自清以晚辈的谦谨,将自己拟东汉末年"古诗十九首"的古诗,拟曹植、王粲、陶渊明、谢灵运等名家的古诗,以及一些拟古词,呈给黄先生。对于朱自清的这些诗词作品,黄先生给予了充分肯定。

朱自清的好友俞平伯擅长填词，于是朱自清便常同他切磋，还将自己所填之词请他过目，并请他校改润色。在练习时，朱自清通常一日作诗，一日填词，这样轮流交替。

尽管浩如烟海的古典诗词在朱自清面前展现了一个新的世界，但是，国内政局的风云变幻、波诡云谲，无法使朱自清一头埋进书本而不问世事。

1927年4月12日，黄浦江畔响起了罪恶的枪声，工人纠察队被缴械，上海总工会被解散，一切革命机关被封闭。3天之间，300多人被杀，500多人被捕，3000多人失踪。这就是历史上令人震惊的四一二事件。

四一二事件的消息传到北京后，朱自清十分震惊。虽然近年来他为全家衣食奔忙，没有时间看什么书，与思想界似乎有些隔膜，但是他也很留心报纸。正如他感觉的那样，"这时代如闪电般，或如游丝般，总不时地让你瞥着一下。它有这样大的力量，决不从它巨灵般的手掌中放掉一个人；你不能不或多或少感着它的威胁"（朱自清《哪里走·呈萍郢火槃四君》）。

自从1927年春天前往北京经过上海时，这种威胁的阴影在朱自清心中已越来越大。因此，他要为自己找一条出路，但是往哪里走呢？他的心中不免有点惶惶然。于是，"哪里走"成了朱自清内心中最纠结、最苦闷的问题。

回京后的一个晚上，朋友栗君曾经突然来访。那夜月色很好，他们沿着西院附近小塘边一条幽静小径，缓缓地往复走着。栗君是国民党党员，他劝朱自清和他们一起参加工作，范围并不固定，政治、学术、艺术无不可以。他还恳切地说："将来怕离开了党，就不能有生活的发展；就是职业，怕也不容易找着的。"

朱自清踌躇了,过了一会儿,他婉转地说:"待我和几位熟朋友商量商量。"

朱自清没有立刻答应栗君的要求。因为他清楚地意识到,这时期一切权力属于国民党,不但政治、军事,而且生活都要党化,正如他在《哪里走·时代与我》所说:

> 党的律是铁的律,除遵守和服从外,不能说半个"不"字,个人——自我——都是渺小的;在党的范围内发展,是认可的;在党的范围外,便是所谓"浪漫"了。这足以妨碍工作,为党所不能容忍。

所以,朱自清几经考虑,决定不参加,不走这条路。过了几天,他找到栗君,对他说:"我想还是暂时超然的好"。

"四一二"的枪声,打乱了朱自清的思绪,连日来心里都不安宁。他眼睁睁地看着一幕历史悲剧开场,心里有一种说不出的苦涩滋味。

身处迷茫的阶段

1927年5月31日下午,暮色还没有降临,朱自清夹着一支香烟伫立在窗前沉思着。万里长空如洗,只有几缕白云飘浮在天空中,可在不知不觉之间,天空被傍晚的黑墨越磨越浓,一刹那,远山与近树都被一层烟霭笼罩住了。他似乎有所感触,填

了一阕《和李白〈菩萨蛮〉》:

> 烟笼远树浑如幂,青山一桁无颜色。日暮倚楼头,暗惊天下秋!
>
> 半庭黄叶积,阵阵鸦啼急。踯躅计行程,嘶骢何处行?

虽然当时还是春夏之交,但是朱自清的心境早已是一片秋意了。

7月,天气很热,也很闷。一天晚上,朱自清在院子里乘凉,这时月亮已渐渐升高,墙外马路上孩子们的欢笑声已经听不见了,妻子在屋里哄着孩子,迷迷糊糊地哼着摇篮曲。

在西院不远处有个荷塘,朱自清每天都会从那里走过。夜是如此静,一轮明月在浮云间缓缓地穿行,他猛然想起,那个荷塘在如此满月的光里应该另有一番景致吧。于是,他披了大衫,悄悄地带上门就出去了。

荷塘边有一条幽僻曲折的煤屑路,白天都少有人走,夜里自然更是安静了。煤屑路旁有许多树,在淡淡的月光下,郁郁葱葱的枝叶显得有点阴森。

但是,朱自清一点也不感觉恐怖,他一个人背着手慢慢地走着。渐渐地,他觉得自己好像到了另外一片天地,就像他说的那样:

> 像今晚上,一个人在这苍茫的月下,什么都可以想,什么都可以不想,便觉是个自由的人。白天里一定要做的事,一定要说的话,现在都可不理。这是独处的妙处,我且受用这无边的荷香月色好了。

荷塘的四周安静极了,只有自己脚步踏在煤渣路上发出的轻微沙沙声。高处丛生的灌木,在月光下显出参差斑驳的黑影。亭亭玉立的柳树,把稀疏的倩影投在密密的荷叶上,就好像是画上去的一样。

树上的知了和水里的青蛙互相应和着,发出欢快的鸣唱。朱自清顿时感到一种解脱的轻松和欢欣,月色中的荷塘顿时展现出迷人的魅力。沉浸在此情此景当中,朱自清不由想起江南采莲的旧俗。少女们荡着小船,唱着山歌,一路欢笑,一路嬉戏。南北朝时期的梁元帝在《采莲赋》中说:

> 于是妖童媛女,荡舟心许;鹢首徐回,兼传羽杯;棹将移而藻挂,船欲动而萍开。尔其纤腰束素,迁延顾步;夏始春余,叶嫩花初,恐沾裳而浅笑,畏倾船而敛裾。

这场面是何等热闹,何等令人神往!忽然,朱自清意识到,采莲的快乐是属于古人的,如今的江南早就不可能再见到这样的光景了。而眼前荷塘的热闹也只是属于树上的蝉与水里的蛙,自己却什么也没有。属于他的,只能是剪不断、理还乱的,无穷无尽的一腔愁绪。

夜深了。朱自清回到家时,妻子已经睡熟了,但是他却毫无睡意。于是他坐到书桌前,将今晚的所见所闻、所思所感缓缓地写于笔下。就这样,散文《荷塘月色》诞生了:

> 曲曲折折的荷塘上面,弥望的是田田的叶子。叶子

出水很高,像亭亭的舞女的裙。层层的叶子中间,零星地点缀着些白花,有袅娜地开着的,有羞涩地打着朵儿的;正如一粒粒的明珠,又如碧天里的星星,又如刚出浴的美人。微风过处,送来缕缕清香,仿佛远处高楼上渺茫的歌声似的。

这时候叶子与花也有一丝的颤动,像闪电般,霎时传过荷塘的那边去了。叶子本是肩并肩密密地挨着,这便宛然有了一道凝碧的波痕。叶子底下是脉脉的流水,遮住了,不能见一些颜色;而叶子却更见风致了。

月光如流水一般,静静地泻在这一片叶子和花上。薄薄的青雾浮起在荷塘里。叶子和花仿佛在牛乳中洗过一样;又像笼着轻纱的梦。虽然是满月,天上却有一层淡淡的云,所以不能朗照……

月光是隔了树照过来的,高处丛生的灌木,落下参差的斑驳的黑影,峭楞楞如鬼一般;弯弯的杨柳的稀疏的倩影,却又像是画在荷叶上。塘中的月色并不均匀;但光与影有着和谐的旋律,如梵婀玲上奏着的名曲。

…………

后来,《荷塘月色》刚一发表,就受到人们的狂热赞誉和喜爱。人们欣赏朱自清驾驭文字、描情状物的能力,沉浸在作者所创造的令人难忘的意境中。不过,许多懂散文的人仍能看出朱自清融在作品中的那股无法排遣的烦闷。

天气渐渐转凉了,但是动乱的时局依然令朱自清心绪不宁,他无时无刻不惦念着远在南方的朋友们。

9月的一天，朱自清吃过午饭后觉得无聊，便从书架上抽了一本旧杂志来消遣。没想到，他无意间发现了旧杂志中夹带的一封信。这封信是朱自清在三年前写给夏丏尊的。朱自清这才发觉自己已经有半年没有接到夏丏尊的来信了。那个曾经爱喝酒、爱骂人却对人无比真诚的朋友，如今究竟怎么样了呢？人海茫茫，又该到哪里寻找他呢？朱自清忍不住提笔写了《一封信》，这篇文章中写道：

> 南方这一年的变动，是人的意想所赶不上的。我起初还知道他的踪迹；这半年是什么也不知道了。他到底是怎样地过着这狂风似的日子呢？我所沉吟的正在此。我说过大海，他正是大海上的一个小浪；我说过森林，他正是森林里的一只小鸟。恕我，恕我，我向哪里去找你？

后来，朱自清把这篇文章寄往台州师范学校的刊物《绿丝》，并对编者说："不知可附载在《绿丝》的末尾，使它和我的旧友见见面么？"足以见得，在动荡的岁月里，朱自清是多么迫切地希望能听到朋友的消息。

时间的推移，并没有让朱自清内心的迷茫与困惑渐渐淡去，"哪里走"这一问题依然萦绕在他的心头。1928年过了年之后，趁着假期的闲隙，他开始认真思考这个问题了。

朱自清深刻地感到，自己所存在的小资产阶级意识开始逐渐走向穷途末路。既然这样，自己为什么要甘心做时代的落伍者，为什么不自己奋起革命呢？于是，"促进自己的灭亡"的声音再次在朱自清的脑海中回响起来。他审视自己走过的道路，

终于发现症结就在自己身上。在《哪里走·时代与我》中，他做了最深刻最真诚的自我剖析：

> 我解剖自己，看清我是一个不配革命的人！这小半由于我的性格，大半由于我的素养……在性格上，我是一个因循的人，永远只能跟着而不能领着……我在 Petty Bourgeoisie（小资产阶级）里活了三十年，我的情调，嗜好，思想，论理，与行为的方式，在在都是 Petty Bourgeoisie 的；我彻头彻尾，沦肌浃髓是 Petty Bourgeoisie 的。离开了 Petty Bourgeoisie，我没有血与肉。

朱自清用极其严厉的态度对自己的心灵进行了拷问。他坦言作为生活在城市里的知识分子，他再也无法承受田间地头、工厂车间中的劳苦生活，再加上他一想到自己还有一大家子人要养活，更无法丢下他们去做时代的急先锋。

此时的朱自清，还没有十足的勇气投向无产阶级怀抱，但是这并不意味着他选择站在人民大众的对立面，因为，他明确表示："为了自己的阶级，挺身与无产阶级去斗争的事，自然也绝不会有的。"

可是，既不能革命，也决不反对革命，那么他又该何去何从呢？在《哪里走·我们的路》中，他写道：

> 在旧时代正在崩坏，新局面尚未到来的时候，衰颓与骚动使得大家惶惶然……只有参加革命或反革命，才能解决这惶惶然。不能或不愿参加这种实际行动时，便只有暂时逃避的一法。这是要了平和的假装，遮掩住那惶惶然，

使自己麻醉着忘记了去。享乐是最有效的麻醉剂；学术，文学，艺术，也是足以消灭精力的场所。所以那些没法奈何的人，我想都将向这三条路里躲了进去……

当初，原本学习哲学的朱自清因为对文学的浓厚兴趣，转而走上了文学道路。如今，他觉得国学比文学更远离现实，是个更安全的政治风暴逃避所。于是，他断然选择了国学这条学术之路。

然而，朱自清明白，这条路只不过是消磨一生的死路，但是他眼下没有别的出路。作为一个执着于生活、追求进步的知识分子，面对危局他无法做到无动于衷。于是，在投身国学的同时，朱自清决定不会完全放弃写作。

1928 年 10 月，朱自清的第一本散文集《背影》由上海开明书店出版了。里面共收录了 15 篇散文，这些散文都是朱自清真切的见闻和独到的感受，文笔平淡朴素而又清新雅致。但是，在《序》里，他仍然十分谦虚地写道：

我是大时代中一名小卒，是个平凡不过的人。才力的单薄是不用说的，所以一向写不出什么好东西。

朱自清的代表作《背影》发表后，在文坛引起了强烈的反响，这也令朱自清收获了无数褒奖。著名作家郁达夫曾经赞赏备至地说："朱自清虽然是一个诗人，可是他的散文，仍能够满贮着那一种诗意，文学研究会的散文作家中，除冰心女士外，文字之美，要算他了。"

"他的散文，在新文学运动初期，便已在领导着文坛。"这是

著名小说家杨振声在《朱自清先生与现代散文》一文中,对朱自清散文创作的高度评价。

如此斐然的文学成就,得益于朱自清认真的创作态度。一直以来,他都十分强调对客观事物进行仔细的观察和深入的体味。在《背影》中,朱自清以朴实无华的笔法充分体现了他对现实主义法则的遵循。其实,他对所有事物的描写都竭尽所能进行认真观察,甚至已经到了锱铢必较的程度。

后来,在《荷塘月色》发表之后,有个姓陈的读者给朱自清写了一封信,说"蝉子夜晚是不叫的"。这封信引起了朱自清的高度重视。所以,他问了好些人,结果大家都说蝉在夜晚是不叫的。为此,他又特意写信请教昆虫学家刘崇乐。过了几天,刘崇乐抄了一段记录月夜蝉声的文字给他。这段文字的作者说平常夜晚蝉是不叫的,但是某一个月夜却听见它们在叫。朱自清认为既然是好容易才找到那么一段儿,而且以一般人的常识看来蝉在夜晚也是不叫的,那么这段记录就可能是一次例外。因此,他写信给陈先生表示感谢,并说等《荷塘月色》再版的时候要删掉有关月夜蝉声的句子。

可是到了后来,朱自清留心观察,竟然有两回的的确确亲耳听到了夜晚蝉的叫声。由此他感到,观察事物之所以艰难,原因就在于人们往往以常有的经验进行着想当然的概括和推论。

正是因为朱自清的这种极为严谨的创作态度,才使他的散文创作具有缜密细腻的风格。同时,作为一个认真为文的创作者,他对剪裁技巧、语言艺术也十分看重:文字优美却无矫饰扭捏之态,情感含蓄却无乏味沉闷之感;情景一体,物我交融,以肺腑之声直击读者心灵。

正所谓"文如其人",朱自清笔下那些平淡朴实、洗尽铅华却情深意切的文字,与他本人踏实沉稳、含蓄内敛的气质正好相吻合。因此,无论为文还是为人,朱自清都是一样认真务实、勤勤恳恳。

痛失爱妻后的苦寂

1928年,北京又有重大变革,随着政权易手,北京改名为"北平"。接着,南京政府于8月17日,决议将清华学校改为"国立清华大学"。清华大学的校长温应星,随着奉系军阀倒台而离职。早在4月,物理系首席教授梅贻琦,就被批准为改制后的教务长。

梅贻琦为天津人,毕业于美国伍斯特理工学院。他学识广博,曾被公认为"科学各教授的首领"。他不仅作风民主,而且富有办学的才干。他上任后,就将清华大学部进行了调整。

以前,清华的大学部只是分为普通和专门两科,学习年限一般定为两年或三年,致使目标不明确。所以,梅贻琦结合社会的需要,把两科制改为学系制,设立了国文、西文、物理、化学、历史、政治、农业等17个学系,并制订了新的组织大纲和学程大纲。

革新后的清华大学,文学院院长、中国文学系主任由杨振声担任。杨振声对朱自清的创作十分欣赏,再加上他曾经也是朱自清的大学同学,因此对朱自清的学问和为人都很器重,所

以系里的一切计划他都主动和朱自清商量。

在北平,当时各大学中文系都存在两个问题:一是新文学与古代文学应如何承接;二是如何与外国文学交流。过去,中国文学一直与中外新潮隔绝,如何处理这些难题,一些老师都在观望,学生们也十分困惑。于是,杨振声经过与朱自清商量后,决定了中国文学系教学方针应是:注重新旧文学的贯通与中外文化的融会。

这个方针是由朱自清带头实践的,它是完全立足民族,立足现代的革新。因此,朱自清便在一年内开设了"歌谣"和"中国新文学研究"两门新课。

朱自清新开的两门课程,首先打破了中国文学系教学设置的旧格局,使"五四"以来文学和民间文学成为一门独立的学科。这在向来比较保守的文学系中显得特别新鲜和突出,因此这两门课程引起了学生们的浓厚兴趣。

朱自清在讲课时也特别注重对作家创作风格的研究,从而引导学生们学会关心现实。在教学上,朱自清非常严肃而认真,他甚至还有些拘谨。在教学观念上,他极其尊重他人的意见和看法,以避免有个人好恶和门户之见。

朱自清是当时的知名作家。然而,他在课堂上却从不讲解自己的作品。同学们发现这一点后便向朱自清提出,想要学习他本人的作品。谁知朱自清面红耳赤,非常紧张,说:"这并不重要。"

学生们不肯,觉得这很重要。朱自清见学生们还在坚持,便十分严肃地说:"我写的这些个人情感,大半是真的。早年的作品,多是没有愁偏要愁,那是活该,就让他自个儿愁吧!"

朱自清一向都非常注重新人的作品,只要他发现谁有了新的作品,便会立即品读,然后再对作品进行校正和补充。张天翼的《鬼土日记》和臧克家的《烙印》一出版,朱自清就在课堂上给同学们讲解他们的作品。朱自清讲课特别认真,如果发现有讲错或不妥之处,下次讲课他一定会提出更正。

有一次,朱自清讲到张天翼时说:"这是一位很受人注意的新作家,听说是浙江人,住在杭州。"

第二次上课时,朱自清立即向大家道歉,说:"请原谅我,上次我讲课时,说张天翼是浙江人,恐怕错了,有人说他是江苏人,现在还没弄清,所以你们暂时先空着。"

上课时,朱自清注重启发和鼓励学生独立思考,他希望他们都能大胆地发表自己的意见。因此,每当听到学生们有新的见解时,他便非常高兴地说:"啊,你们的意见很新!"

在教学中,朱自清严谨持重,绝不主观论断,如果谈到某种文学现象,他总是会尊重客观事实,然后实事求是地评述。如在讲"革命文学与无产阶级文学时期"时,他在介绍"创造社"与"太阳社"的文学观点和主张的基础上,对当年的"罗普文学"(即"无产阶级文学")创作倾向提出了三点批评意见,持论十分公允全面。

朱自清对课堂的纪律要求十分严格,他上课经常点名,但是由于自己的记忆力不好,有时一个学生点了两三次后才能记住他的名字。还有一次,一个男学生没来上课,第二天朱自清在走廊里看到了这个学生,便叫了他的名字问:"你昨天怎么没来上课?"就这样,那位学生吓得满脸通红,连忙道歉。

朱自清不仅上课认真,批改作业也是同样认真。他曾经和

俞平伯对批改学生作业是否改得详细的问题,做过有趣的讨论。俞平伯不赞成多改,其理由是学生只注重分数的多少,对老师的评语就不那么仔细看了。但是,朱自清却不同意这种看法,他仍坚持认真批改,就连一个标点符号也不放过。

自从把家属接来北平之后,有妻子儿女相伴,朱自清享受到了静谧的家庭之乐,他才得以将全部心思都扑在教学上,或者做一些自己乐意做的事。

朱自清后来写了两篇《近来的几篇小说》,并对当前作品都进行了评价。还为李健吾的《一个兵和他的老婆》、老舍的《老张的哲学》与《赵子曰》写了书评。为《粤东之风》和俞平伯的《燕知草》也写了序。同时,他还根据自己的生活经历写了《儿女》《白马湖》等优美散文。

写作之余,朱自清常在清华园里散步赏花。他最喜欢海棠花,鲜艳中蕴藏着淡雅,没有一点妖艳的气息。树干高高的,疏疏的,英气逼人。有时俞平伯来了,他俩便经常在花下徘徊。

朱自清偶然也到城里去,他还带妻子和孩子们游玩了万牲园(今"北京动物园")。

然而,天有不测风云,人有旦夕祸福。谁能料到,不幸的阴影已渐渐逼近这个和美的家庭。

朱自清的妻子武钟谦本来就患有肺病,1928 年 1 月 11 日她生了一个女儿后,没有奶,只好喂奶粉,还雇了一个老妈子专门看顾女儿。不料,年底她又生了一个男孩,以至于劳累过度,过年之后病情就越来越严重了。

于是,10 月间,朱自清决定送妻子和孩子们一起回扬州养病。谁知此去竟是永诀!回到扬州一个多月后,31 岁的武钟谦就于 11 月 26 日,抛下丈夫和六个孩子与世长辞了。噩耗传来,朱自清痛不欲生。他和妻子结婚 12 年,伉俪情深,现在竟然中途永别,怎能不令他肝肠寸断!

妻子虽不是阔小姐出身,但是她从小娇生惯养,爱说爱笑,无忧无虑,是父母的掌上明珠。可是,自从做了妻子和母亲之后,她便收起了少女时代的任性和娇气,把全部心思都放在了孩子和丈夫身上,在烧饭、带孩子、纳鞋底的忙忙碌碌中度日。

尽管如此,妻子却高高兴兴,她从不抱怨,从不闲着。即使在月子里,也躺不住,四五天就下床了。独自一人操持一个家庭。妻子付出了别人难以想象的辛劳,但是她却认为自己收获了快乐。

妻子一辈子都没读过书,把全部心血献给了丈夫和孩子。她和朱自清结婚 12 年,有 11 年都耗费在养育孩子上。朱自清后来写有文章《给亡妇》,其中写道:

> 从来想不到做母亲的要像你这样。从迈儿起,你总是自己喂乳,一连四个都这样。你起初不知道按钟点儿喂,后来知道了,却又弄不惯;孩子们每夜里几次将你哭醒了,特别是闷热的夏季。我瞧你的觉老没睡足。白天里还得做菜,照料孩子,很少得空儿。你的身子本来坏,四个孩子就累你七八年。到了第五个,你自己实在不成了,又没乳,只好自己喂奶粉,另雇老妈子专管她。但孩子跟老妈子睡,你就没有放过心;夜里一听见哭,就竖起耳朵听,工夫一大就得过去看。

　　妻子即使在病得很重的时候,也为孩子忙个不停。刚出生的六儿身体弱,常闹病,每当这时候,她便汤呀水呀,冷呀暖呀整日忙着,全然顾不上自己的病。对放在老家的两个孩子,她更是牵肠挂肚,惦记不已,甚至说自己的病就是惦记出来的。所以朱自清感慨地说:"在短短的十二年里,你操的心比人家一辈子还多。"

　　妻子不仅是良母,而且是个难得的贤妻。除了孩子,最让她惦记的便是丈夫,对于丈夫的一切,她都尽力去爱护支持。丈夫在北大读书的时候,她便将自己陪嫁的金镯子换了钱给丈夫补贴学费。到了清华,丈夫去上课,她总是送到大门口,直到丈夫的背影消失才关门。每当丈夫有客人或学生来访,她从不多言,尽了一个主妇的礼节后,便静静地坐在旁做针线活。

　　知道丈夫爱书,授课时又离不开书本,因此,妻子领着一家老小躲避战乱的时候,还不忘带着那一箱箱的厚重书。结婚12年,她和丈夫共同生活却连五个年头都不到。可无论是离是合,无论日子怎么难熬,她也从来不发脾气,甚至连一句怨言都没有。有时碰上丈夫发脾气,她只是抽噎着流泪。

　　妻子的默默的爱,她的全身心的奉献,使朱自清深受感动。朱自清曾深情地说:"你不但为我吃苦,更为我分苦,我之所以有现在的精神,大半是你给我培养着的。"

　　为了朱自清,妻子还受过不少冤枉气。朱自清母亲是喜爱这个媳妇的,但是她毕竟是没有读过书的封建妇女,见识浅又口无遮拦。把家庭的败落归咎于媳妇的爱笑上,以至于吓得媳妇噤若寒蝉。她还把对媳妇的不满挂在嘴边,四处张扬,弄得媳妇无地自容。她耳根子软,经不住他人的拨弄,担心有朝一日媳妇会爬到自己头上,因此便对媳妇严加防范。

1921年秋,朱自清从扬州八中辞职的时候,母亲怀疑是受了儿媳的挑唆,于是便把她和孩子赶回了娘家。那时,钟谦的父亲已经续娶,继母待她非常不好,家中如同冰窖一样。可为了孩子,为了丈夫,钟谦忍气吞声,在冰窖里足足住了三个月。一想起妻子所经历的种种,朱自清心里就阵阵抽搐。

妻子去世后,朱自清的生活发生了困难,饭食无法自理。于是,重情重义的俞平伯对他伸出了援手。就这样,朱自清的一日三餐均由俞家送来,朱自清要算伙食费,俞平伯坚持不收,即便收下也用在了朱自清的伙食上。这个秘密朱自清在多年之后才知道。

爱妻亡故,儿女远离,朱自清除了俞平伯没有什么朋友,生活无味,心境寂寞。因此南方便成了他巨大的心理磁场,强烈地吸引着他。在深夜,他常常苦苦地思忆着南方诸友,往事如潮,旧情似海,他是那样深切地怀念着往日热闹的生涯。

朱自清想起了夏丏尊的豪情与诚意,想起了他家的好花与美酒;朱自清想起了刘延陵漂泊的生活和不幸的婚姻,想起了他的病与远游;朱自清念念不忘丰子恺当年在白马湖畔弹奏贝多芬的《月光曲》,也想起了他的漫画;朱自清十分敬佩叶圣陶耿直的风格和品性,羡慕他的勤奋和思想……于是,朱自清写下了《怀南中诸旧游》,以寄托自己的寂寥之情。

在《怀南中诸旧游》一组五首旧体诗中,朱自清思绪绵远,情怀诚挚。这种对已逝生活的咀嚼,对过往温情的寻觅,反映出的正是朱自清在丧偶之后,无限苦寂的心情。

前往欧洲休假

1930年8月,杨振声到青岛大学担任校长,请朱自清代理中国文学系主任一职。

亲人虽故,但是生活还要继续下去。这时,一些关心朱自清的朋友也开始为他物色妻子的人选。然而,好友为他说一次,他就谢绝一次。但是即便如此,朋友们对于朱自清的婚姻问题依然非常关注。

1931年4月的一天,戏曲学院的教授浦熙元与清华大学教授叶公超,联名邀请朱自清去城南陶然亭酒楼喝酒。与浦熙元同来的还有几个女学生,其中一个名叫陈竹隐。原来,这就是好友为朱自清物色好的对象。

陈竹隐16岁时父母便相继去世了,因此家道衰落后,她的生活十分清苦。后来,她从四川省立第一师范学校毕业后又考入了北平艺术学院。她爱好广泛,曾受教于齐白石、肖子泉、寿石公等人学习工笔画,又师从浦熙元学习昆曲。浦熙元看她已经到了婚嫁的年龄,在北平又举目无亲,因此开始替她热心张罗对象。

后来,浦熙元与叶公超谈及此事时,都觉得朱自清算是一个合适的人选,于是才有了朱、陈二人的这次见面。

朱自清当天身穿了一件米黄色的大褂,白净的脸上戴着一副眼镜,显得秀气文雅,但是脚上却穿着一双老式的"双梁鞋",

显得有些土气。

饭局散后,陈竹隐回到宿舍,同去的同学嘲笑地说:"哎呀,穿一双双梁鞋,上气得很,要是我才不要呢!"

对此,陈竹隐却不以为然,因为她有自己的择偶标准和独立思想。之前,有一个家中很有钱的人追求陈竹隐,但是,由于那个人不是陈竹隐喜欢的性格,所以她坚决拒绝了这个富家子弟。

陈竹隐不仰慕俊美的外表、华丽的服饰,更不追求金钱及生活的享受,她要找一个朴实、正派、可靠的人。在陈竹隐看来,朱自清正是这样的人。尤其是朱自清的才华,更是捕获了她的芳心。而朱自清此时也正好需要一个善解人意、思想独立的伴侣。

其实,当陈竹隐得知自己年纪轻轻就要成为六个孩子的母亲时,也曾有过矛盾与挣扎。但是,一想到六个孩子失去母爱的可怜与不幸,她最终突破了心理障碍,在六七月间便与朱自清订婚了。

这一年,朱自清不仅收获了甜蜜的爱情,还如愿以偿地获得了公费出国的机会。按照学校规定,教授每工作五年就可享受一次出国休假的待遇,出国期间除仍可享受半成薪水,学校还给教授报销往返路费各 520 美元及每月研究费 100 美元。这是清华大学与其他大学的不同的地方,也是吸引众多著名学者的重要原因。

1931 年 8 月 22 日,朱自清从北平起程前往欧洲。与朱自清同行的还有前往法国自费留学的外文系助教李健吾等人。李健吾是山西人,他在中学时代就喜爱文艺性的东西,如写戏、演

戏、组织文学社团等。李健吾和同班同学创办的《爝火旬刊》当年还曾被茅盾所论及。中学还没毕业,他便发表了小说《中条山的传说》,这个小说还受到了鲁迅的称赞。

1925 年,清华设立大学部,李健吾便考上了中文系。但是,当时朱自清看他对外文翻译创作更有兴趣,便建议他转入了更适合他发展的外文系。尽管不在一个系,但是他们师生二人仍然保持着紧密的联系,他们还曾合作翻译评介国外的诗歌理论。朱自清也曾给李健吾的小说《老王和他的同志们》《一个兵和他的老婆》写序、写书评。

两天后,朱自清一行人到达哈尔滨。在这里稍事停留,办理了护照签证,然后乘中东铁路火车经满洲里出国门,穿过西伯利亚抵达莫斯科。由于火车晚点五小时,朱自清来不及看看沿途的风光,只好匆匆而过,经柏林、巴黎抵达伦敦。

朱自清去伦敦并没有具体确切的打算,但是他有一个总体的设想,那就是要全面考察英国文化和欧洲文化,并且他要重点了解欧洲的小说、诗歌、戏剧、音乐、绘画等文学艺术门类。就这样,朱自清便很快开始了考察工作。他每天都在博物馆、展览馆、图书馆、美术馆、纪念馆之间来回奔波,还听四处讲演、逛书店、上剧院,把时间安排得相当紧凑。

到伦敦不久,朱自清便在街头偶遇了他的学生柳无忌。柳无忌是 1925 年进入清华的,与韦杰三同班。朱自清给他上过课,也对这个好学生印象深刻。柳无忌毕业后留学美国耶鲁大学,此时刚从美国到达伦敦。因此,他们打算一同去听讲演、逛书店。

在伦敦,看演出是朱自清考察英国文化、了解西方艺术的一项重要内容。当时伦敦上演的剧目，包括歌剧、话剧、喜剧、歌舞剧、芭蕾舞剧，以及交响音乐会、民间歌舞、通俗歌曲演唱会、杂技、杂耍等，凡是能看到的，几乎都去看了。

除了看演出，朱自清的另一大乐趣就是逛书店，买书，读书。他的读书计划包括世界史、欧洲文学史、《圣经》、希腊神话、莎士比亚悲剧，以及当代作家哈代、康拉德、威尔斯、贝内特等人的小说，曼斯菲尔德、瓦特、豪斯曼等人的诗歌，萧伯纳、巴里、高尔斯华绥的剧作，斯特雷奇、贝洛克等人的散文，还有若干种美术史、音乐史等。其中朱自清兴味最浓、投入精力最多的就是诗歌了。

尽管朱自清没有撰写过中国诗歌发展和诗歌理论的系统专著，但是他确实是从整体上来看待和研究中国诗歌的发展，并想要为新诗的成长寻找道路的。也正因为如此，从西方诗歌中汲取营养，然后把中西方诗歌贯通起来进行研究，就自然而然成为朱自清的兴趣所在。

在朱自清购买的书中，也有大部分都是英国诗人的诗集和诗歌理论著作。朱自清一边读他们的诗，一边参加由书店主办的读诗会，亲耳聆听这些诗人朗诵自己的作品。

除了诗歌，朱自清在音乐和美术这两个过去接触较少而又非常感兴趣的领域投注了不少精力。音乐方面，他在听音乐会之外，还专门读了几本音乐史及音乐欣赏手册，甚至还特地买了一台留声机和几十张唱片。

对于美术，朱自清则是采取泡美术馆的方法。据日记记载，他曾连续几天待在不列颠博物馆和泰尔美术馆中。尽管有些现代主义的作品不容易看懂，也不大吸引人，但是朱自清仍然

耐心地从头看到结尾。

朱自清对一些小巧的工艺美术品也很感兴趣。有一次,他去商店买东西,不料瞬间就被店里那琳琅满目、五光十色的圣诞卡吸引住了,因此他在店里逗留了很长时间。回国时,他还特意买了厚厚一大本贺年片样本送给学生们。

为了学习英语,朱自清在皇家学院和伦敦大学等学校注册旁听,他选修了语言、文法、作文、会话等许多课程。其实,朱自清在中学时代就学过英语,大学时又受过系统英语训练。但是,要想在英国生活,这些还远远不够。刚到英国时,由于朱自清的英文听和说比较吃力,给生活和学习带来许多不便。朱自清以其一贯的坚毅精神,认真踏实地去听课、做作业,虽然费了大量精力,但是进步却并不显著。

于是,朱自清决定改变自己的学习方法,他对课业采取了为我所用的态度,针对中年人的特点,把目标定在扩大词汇量、增强阅读能力上。一方面有针对性地选听一些课程,另一方面抓紧课外的读书与实地考察,在实际生活中提高自己。

在英国的学习、访问与参观,使朱自清的生活充满了新奇和兴奋,但是,国内传来的消息又使他感到焦虑不安。刚到伦敦不久,国内便传来了九一八事变、日军占领沈阳的消息。朱自清得悉后,非常担忧,他在1931年9月19日的日记中写道:

《泰晤士报》谓日本占领沈阳,东省之事日急矣,奈何!

在9月21日的家信中说:

阅报知东三省事日急。在外国时时想到国家的事,但有什么法子呢?

1932年1月28日,日本侵略军在上海挑起祸乱,于是,淞沪抗战爆发了。身在欧洲的朱自清闻讯再次陷入了痛苦之中。在淞沪战争爆发前,他就担心不已,在1月25日家信中说:

> 这两天看报,中国情形很坏;上海已是岌岌不可终日!别处也在危险之中,特别是南京!谁能说有什么局面出来呢?但是我不敢想!在这个动摇的大时代中,我们虽算是幸运的人,不应向人诉苦,但一想到将来,觉得无论人我,暂时总是一片黑!光明也许终于会来,但是我们也许看不见了……

淞沪战争爆发后,朱自清又在1月29日的日记中说:

> 无线电广播说日本人占领了上海,商务印书馆和北火车站炸成一片火海。这真是人类文化的浩劫。我担心东方图书馆是否还幸存着!

1月30日,朱自清在家信中说:

> 这两天上海的事使我们彷徨!国命不知到底还有多长!前面是一片黑暗……

后来,得知了十九路军的英勇抵抗,使朱自清兴奋不已。但是,国民政府的不抵抗主义,又使他心中充满了不解和气愤。

他一直密切关注着局势的发展,并不时与好友叶圣陶通信交换彼此的看法。

1932年5月,朱自清在英国的考察计划基本完成,然后他用节省下来的钱开始了漫游欧洲大陆的计划。他在欧洲大陆转了两个月,跑了法国、德国、荷兰、瑞士、意大利五国中的12个地方。每到一处,他都忙着游览风景名胜,参观文化古迹。

瑞士交湖城边的少女峰,是世界闻名的风景名胜,山势险峻清幽,是众多游客青睐的地方,可是登山的费用相当昂贵。但是,朱自清却愿意花费时间和金钱前去游览。正是因为有这种劲头,他后来才能写下关于少女峰的优美散文《瑞士》。

在欧洲大陆,由于朱自清只懂英语,所以语言交流发生了困难,许多地方他只能借助旅游指南和地图进行"目游"。朱自清还在巴黎待了三星期,他把巴黎跑了个遍。这些日子主要得力于清华历史系教授刘寿民、李健吾等学生的导游。

7月7日,朱自清从意大利布林迪什港登上了"拉索伯爵号"邮轮,准备启程返国。在船上,他又与柳无忌夫妇等人相会了。一路上,有这些朋友相伴,朱自清一点也不感觉寂寞。海风习习,海浪滔滔,轮船行驶在平静的红海上,眺望浩瀚无际的大海,不禁回想起那刚刚告别的欧洲之行。于是,朱自清拿起笔,开始记录这一年的游踪。

轮船在海上航行了二十多天,经地中海过苏伊士运河、红海、印度洋、孟买、斯里兰卡、马来西亚、新加坡后进入了太平洋。离祖国越来越近了,眼看就要和久别的亲人们团聚了,船上留学的中国人都不免激动起来。

回国后,朱自清写的这些游记,在叶圣陶、夏丏尊等人主持的《中学生》杂志上连载,并陆续编成了《欧游杂记》和《伦敦杂记》两本游记来作为送给中学生的礼物,也作为对这一年生活的纪念。

因为是写给中学生的游记,所以书中极少写到朱自清自己,他只是客观地记述景物。但是,在文字上,朱自清则着意推敲,力求鲜明生动、流畅自然。

叶圣陶曾经称赞这两本游记说:

> 全写口语,从口语中提取有效的表现方式,虽然有时候还带一点文言成分,但是念起来上口,有现代口语的韵味,叫人觉得那是现代人口里的话,不是不尴不尬的"白话文"。

走进新的生活篇章

1932 年 7 月 31 日,朱自清抵达了上海。这次欧洲一年的游历,他的身心都历经了一番洗礼,他显得神采奕奕、意气风发。于是,他略作安顿后,便开始着手建设新的家庭。

北平风俗守旧,结婚时新娘要坐花车,穿披纱礼服,礼节烦琐,花钱很多,而上海就比较开明脱俗。于是,朱自清和陈竹隐商量决定用新式简便的方法,在上海举行婚礼。

8 月 4 日,朱自清夫妇发请帖邀请了茅盾、叶圣陶、丰子恺

等朋友,在一家广东饭店举行了简单的婚礼。6日,朱自清便带着陈竹隐前往杭州湾外的小岛普陀山度蜜月去了。几天后,两人返回了上海,到扬州探望父母和子女。

此时的朱自清已经有六七年没有回家了,这次带着新媳妇回来,父母自然非常欢喜。遗憾的是他最小的儿子已于前一年夭折了。这个孩子生下来身体就不健康,时常生病。还好,其他几个子女都非常健康。

朱自清的长子迈先,长得结实极了,他比父亲还高过一头。闰儿是最乖的,就是瘦些。阿采和转子也都很好。这次回来,朱自清兴致极高,他带着陈竹隐和孩子们游逛了瘦西湖、平山堂等许多著名的地方。他还带孩子们下了馆子,吃了扬州的名菜"狮子头"。

有一天清早,朱自清去祭扫亡妻武钟谦的坟墓。武钟谦被埋在朱自清祖父母坟堂的后面,地方很小。坟上密密地长着青草,朝露浸透了朱自清的布鞋。空山寂寂,荒草漫漫,朱自清触景生情,回忆起了武钟谦生前的种种,于是他向着被乱草淹没的坟头,心中默祷道:

> 我们想告诉你,五个孩子都好,我们一定尽心教养他们,让他们对得起死了的母亲你!谦,好好放心安睡罢。

转眼间暑期已经结束,清华又要开学了,朱自清带着妻子陈竹隐踏上了北上的征途。9月3日,朱自清返回了学校,这次他们换了个住处,在北院9号。

当朱自清在欧洲旅游时,清华大学就经历了一次人事变动。

早在 1930 年 5 月间,学校曾掀起一场声势浩大的"驱罗"风潮,校长罗家伦被迫辞职。当时的军阀首领阎锡山想安插自己的老乡乔万选担任清华校长,没想到,乔万选刚一上任时就被师生拒于门外。

1931 年 4 月,当时兼任教育部长的蒋介石,委派国民党中央政治学校副教育主任吴南轩担任清华大学校长。可是,吴南轩上任不到一月,就又爆发了"驱吴"运动。教授会谴责吴南轩"大权独揽""视教员为雇员",并要求教育部另派贤能,不然全体教授与清华脱离关系。

学生自治会也发表声明,坚决支持教授会的决议。于是,吴南轩在教授会与学生会的联合反对下,被迫于 7 月辞职离校。后来,1931 年 10 月 10 日,教育部委派原清华教务长梅贻琦任清华校长,清华校园才慢慢平静了下来。

梅贻琦对朱自清很赏识。本来朱自清只是中国文学系的代理系主任,后来,朱自清出国时这个职位由刘文典担任。没想到,朱自清从欧洲一回来,梅贻琦就正式任命他为系主任,足以见得梅贻琦对他的重视。

1932 年 10 月 14 日,开学了。中国文学系开迎新大会,朱自清以系主任身份首先讲话,报告此次在欧洲的见闻,他还着重介绍了英国的读诗会和名人住宅,以及在英国游逛加尔东尼市场的情况。俞平伯在会上也讲了话,主要讲歌诗与诵诗之区别。

这学期中文系新来一位教师,30 多岁,披着一头黑发,架着一副银边眼镜,穿一件黑色长衫,风度潇洒,气宇非凡。在课堂上,他抽着香烟侃侃而谈,兴致盎然时竟然忘了下课,这位教师极受学生爱戴。他就是后来成为著名诗人的闻一多。

朱自清传

闻一多本来在青岛大学任教,由于南京政府和山东地方势力倾轧争斗,把学校搞得乌烟瘴气,因此他愤而辞职,回到了母校执教。由于朱自清和闻一多的学术兴趣一致,思想状况也大体相同,所以他们的交往日渐密切。闻一多常常从自己寓所新南院 72 号,到朱自清住的北院 9 号叙谈,交换学术见解。

朱自清新建了家庭后,生活比较安定,陈竹隐本想在清华找份工作,但是校方当时规定,教授家属一律不能在校做事。可是,如果到外面学校去,所挣的薪金还不够应酬,因此陈竹隐就留在家里主持家务。为此,朱自清没有了后顾之忧,他可以安心做自己的事。

多年以后,陈竹隐回忆朱自清此时的生活时说:

> 他的作息时间是安排得很严格的:早晨起床做早操,用冷水擦澡,洗脸,漱口时就把书放在洗脸架上看,然后喝一杯牛奶就到图书馆去。中午回家吃饭,饭后看报。图书馆一开门便又去了。吃罢晚饭,还要去图书馆,直到闭馆才回家。进家门便又摆上东西写,一直到 11 点休息。
>
> 除了生病,我从未见他 11 点前睡过。我常劝他中午休息一会儿,他也不听。他一辈子吃饭都是大口大口地很快地吃,生怕耽误时间……他真是抓紧匆匆来去的分分秒秒地读呀,写呀! 连每天我们说话的时间都很少。

这样毫无生趣可言的生活,对于一个长期在社会上闯荡、性格活泼洒脱、爱交朋友的年轻姑娘来说,未免太单调寂寞了,因此,陈竹隐有时候感到非常苦恼,有一段时间她甚至还产生过离开朱自清的念头。

也许是陈竹隐与前妻的个性差异太大，也许在潜意识中朱自清仍用前妻的标准去衡量陈竹隐，因而他对妻子常进城找朋友玩、不以他为念、不耐烦清华的孤寂生活也感到了不满。

不过，朱自清毕竟是个30多岁的成熟的人了，他没有一味地责备妻子，而是反省了自己的过失，因为他愿意为调整夫妇关系而做出努力。

于是，朱自清尽量挤出多余的时间来陪妻子进城看画展、花展，参加昆曲票友的活动等，以丰富妻子的生活。后来，妻子也渐渐适应了清华园的孤独生活，渐渐理解了丈夫对事业的追求以及对学生、对文学的挚爱。就这样，笼罩在夫妇间的感情薄雾很快便消散了。

婚后的第二年夏天，朱自清从扬州老家接来了迈先和采芷两个大孩子。平时让他们在城里寄宿学校读书，星期天接回家共享天伦之乐。这样既尽了父母责任，利于孩子健康成长，又免除了许多日常生活琐事，保证朱自清有足够的时间和精力从事他热爱的工作。

也是在这个夏天，陈竹隐的第一个孩子乔森出世了。由于家里添丁进口，9号的房子不够住了。于是，朱自清一家搬到了16号，那是一幢更大的教授公寓。两年后，妻子又有了第二个男孩思俞。

作为文学系主任，朱自清对教学方针总是会反复斟酌思量，他所采用的方法基本上和杨振声一致，那就是：用新观点研究旧文学，创造新文学。他自己所开的几门课和研究的课题就体现了这一主张。

　　朱自清一方面着眼于古代,深入研讨陶渊明和李贺的作品,写下了第一篇考证文章《陶渊明年谱中之问题》,对历来研究中的不妥之处进行纠偏。另一方面,他也兼顾对当前创作的研究。他读了卞之琳的《三秋草》,还读了穆时英的《南北极》、张天翼的《小彼得》等作品,并进行了独到的评论。

　　朱自清还对茅盾的创作特别关注,他对《春蚕》《秋收》《大泽乡》《豹子头林冲》《石碣》及《右第二章》等作品均有论及。不过,他最为推崇的还是《蚀》和《子夜》两部作品,因为他认为这两部作品最能真切地表现这个时代。

　　身为一名教师,朱自清永远不会忘记应该尽到一位师者的责任。他对教学十分负责,对学生要求也非常严格。背诵或默写是他检查学生知识掌握程度的惯用方法,一个字写错了都要扣分。因此,一些害怕拘束的学生都不敢选他的课,只有 5 人选修了"李贺诗"这一课。

　　朱自清虽然对学生学业要求高,但是他在生活中却平易近人。他办公室座位的周围都是书架,因为除了吃饭、上课和休息,他总是会坐在那里看书、写文章、处理事务。学生们也常到办公室来找他商量选课的事。他对学生十分客气,对他们的称呼不是"先生"就是"您"。

　　除了行政事务和教学研究,朱自清在文艺创作方面也下了不少的功夫。欧洲归来后,朱自清便开始考虑集中撰写游学观感。仅 1932 年 10 月一个月时间,他就完成了《威尼斯》《佛罗伦司》《罗马》《滂卑古城》四篇欧游杂记,过后又写了《瑞士》《荷兰》等篇目。后来,这些作品均发表在了《中学生》杂志上。

　　1934 年 9 月,收录 11 篇散文的集子《欧游杂记》由开明书

店出版,叶圣陶为其题签。在《序》中,朱自清谈到自己写作意图和创作心境时说:

> 用意是在写些游记给中学生看。在中学教过五年书,这便算是小小的礼物吧。书中各篇以记述景物为主,极少说到自己的地方。这是有意避免的:一则自己外行,何必放言高论;二则这个时代,"身边琐事"说来到底无谓。

不同于前期作品或尽情抒发对现实的感受,或微妙传递自己内心思绪,《欧游杂记》以记述景物为主的散文集抒情色彩不怎么浓烈。但是,朱自清也并非仅仅局限于纯客观描述,他常在描写中流露出自己在特定情境中的观感,这样,文章便平添了几分鲜活气息,使人有身临其境的感觉。

同时,朱自清还从过去生活经历中撷取题材,写了《冬天》《择偶记》《南京》等几篇回忆性散文,这些散文发表后均获得了读者的广泛好评。

忙于选编诗集

1932 年 11 月 16 日,鲁迅为探望生病的母亲从上海来到北平。于是,严寒的北国顿时沸腾了起来,许多高校师生纷纷邀请他去讲课。

22 日,鲁迅在北京大学讲演了 40 分钟,讲题是《帮忙文学

与帮闲文学》,严厉地批驳了为反动统治者摇旗呐喊拍马溜须的御用文人。后来他又前往辅仁大学演讲了40分钟,讲题为《今春的两种感想》,愤怒地斥责帝国主义对中国人民的虐杀及反动政府对人民的迫害。

消息传开,清华大学中文系学生纷纷向系里提出希望请鲁迅来校讲演的要求。朱自清二话没说便立即答应了学生们的要求。24日上午,朱自清拿着清华中国文学会的请函,来到鲁迅的住宅,请他到清华讲演,可是却被鲁迅婉言谢绝了。

朱自清颓丧地跑回来,还不停地用手帕抹着头上的汗水,对学生们说:"他不肯来。大约他对清华印象不好,也许是抽不出时间。"接着又说,"他在城里有好几处讲演,你们进城去听他讲,反正是一样的。"

鲁迅这次还利用探亲的机会,与北平左翼文学团体的成员见面了。他还特地向"左联"(全称"中国左翼作家联盟",1930—1936年中国共产党领导的文学团体)提出,要纠正"关门主义",要做好要求进步、作风严肃的老作家的团结工作,注重培养青年作家,办好自己的刊物。后来,鲁迅回到上海后,北平"左联"以"北平西北书店"名义创办了《文学杂志》刊物,他们利用做筹备工作的机会团结了许多进步作家。

1934年4月25日星期天下午,北平"左联"《文学杂志》社在北海五龙亭举行茶话会,郑振铎、朱自清、周作人等人都收到了邀请函,结果最后只有朱自清和郑振铎应邀出席了这次茶话会。

北平"左联"热情地招待朱自清等人,因此他们边喝茶边对北平的文艺工作交换了很多意见。事后,北平"左联"负责人之一的万谷川将情况写信告诉了鲁迅,鲁迅得知后十分高兴,他在复信中说:"郑、朱皆合作,甚好。"

没过多久,郑振铎联系朱自清、章靳以等筹备创办《文学季刊》,因此,大家常在郑振铎家商议有关事情。由于郑振铎在燕京大学(校址在今北大,离清华非常近)任教,住在校里,所以每次聚会结束时朱自清便和李长之结伴踏着月色,冲破四野的犬吠,说说笑笑地沿着崎岖不平的小路回去。

1934 年 1 月 1 日,《文学季刊》诞生了,主编郑振铎、巴金、章靳以,朱自清是编辑人之一。刊物由立达书局出版,16 开本,每期 300 多页,可算是当时国内最大型的文学杂志。

朱自清还特地为《文学季刊》写了一篇书评《〈子夜〉》,全面地分析了这部长篇小说的优缺点,指出了它在当时文艺界的价值,还告诉人们:

> 我们现代的小说,正该如此取材,才有出路。

1935 年元旦,"全国木刻联合展览会"在太庙举行为期一周的展出。展览会得到了朱自清的大力支持,他还将自己收藏多年的青年木刻家的作品全部拿来,各地木刻作者也把自己的作品送来,因此展览会上的作品十分丰富。

经过统计,"全国木刻联合展览会"上有古代木刻作品 60 余幅,现代版画作品 100 余幅,外国创作 70 余幅,还有中外木刻书籍画册 30 余种。朱自清一贯对民间文艺和青年创作有兴趣,便在 5 日这一天特地进城参观。

让朱自清感到兴奋的是,其中有很多作品反映的是工人和

农民的生活。从作品内容看,这些年轻的艺术家肯定对工农生活非常熟悉,因此朱自清心中很是赞赏。同时他也感到自己对木刻太生疏,决心今后要多读几本这方面的著作。

早在1934年日本外务省情报部长天羽英二发表声明之前,日本军阀就把魔爪伸向了东北,并向冀、鲁、晋、绥(绥远省,后于1954年撤销,并入内蒙古)等省施加军事压力,策划所谓的"华北自治运动",妄图霸占中国的野心已经昭然若揭。

朱自清一直都担心着国内局势的发展。开学不久,朱自清就新生入学与校庆展览的事情忙得不可开交。有一天,第10年级新生找上门来,要他为新生们写一首级歌,朱自清不好推辞,便答应了。

这时,日本已在东北建立了伪满洲国,朱自清的心情极为沉重。时局的感触涌起的感情浪峰猛烈地撞击着他的心门,于是他稍镇定,写下了一首交织着自己忧国忧时的诗歌:

> 举步荆榛,极目烟尘,请君看此好河山。
>
> 薄冰深渊,持危扶颠,吾侪相勉为其难。
>
> 同学少年,同学少年,一往气无前。
>
> 极深研几,赏奇析疑,毋忘弱时仔肩。
>
> 殊途同归,矢志莫违,吾侪所贵者同心。
>
> 切莫逡巡,切莫浮沉,岁月不待人。

有一天,郑振铎告诉朱自清说,上海良友图书公司的文艺编辑赵家壁,要编一套规模宏大的、反映"五四"以后第一个十年的文艺理论、创作、史料的《中国新文学大系》,其中诗集选编拟请朱自清担任,并说如果时间紧张,可以找一个人帮助也成。

编纂这个丛书计划,朱自清曾经听说过,但是把"诗选"完全交给自己来做,他确实感到有些意外。新文学大系酝酿于1934年上半年,经过各方面的协商,由蔡元培写总序,诗歌原定郭沫若选编,因他曾写过指名道姓地责骂蒋介石的文章,于是赵家壁和茅盾、郑振铎一起商量,才决定让朱自清来负责这一工作。

朱自清接受这个任务后,便开始搜集资料,忙碌起来。凡"五四"以来,像《新诗集》《新诗年选》等各种新诗集的选本,他都想办法搞到并认真地读,他还对于"五四"时期出版的重要刊物进行翻阅,他又把清华大学图书馆藏新诗集借了出来,凡是清华未收的,他都设法搜集。

朱自清还冒着酷暑到八道湾拜访周作人,并从他那里借来了许多新诗集。朱自清和周作人还对《中国新文学大系》的选编工作交换了意见。在忙于选编诗集时,正是炎热的夏天,朱自清埋头在书房挥汗如雨,从7月中旬开始到8月中旬,《中国新文学大系》的选编工作在历时一个多月后终于完成了。

《诗集》共选59家,408首。朱自清在5000字导言里,依据自己的见解,把"五四"以来十年的诗歌创作分为三派,即自由诗派、格律诗派和象征诗派。他还十分精辟地论述了各派崛起的缘由、特点和价值,也分析了不足之处。

通过选编诗集,朱自清的世界观又有了很大的变化,最让他烦恼的是民族危机日益强烈。平津一带危在旦夕,臭名昭著的《何梅协定》签订,整个河北政权崩溃,军队撤退,官员撤换,抗日运动取消。在日本侵略者的导演下,华北五省"自治""独立""冀东事变"等一幕幕丑剧相继开锣。

积极参加爱国运动

1935 年,北平爆发了"一二·九"爱国运动。12 月 9 日这天,天气非常寒冷,北平在怒号的寒风中瑟瑟发抖。然而,数千名学生却冒着严寒,冲破军警的层层封锁,一路高呼"反对华北自治运动""打倒日本帝国主义""武装保卫华北"等口号,从四面八方涌向新华门,向国民党军事委员会北平分会请愿。

就在群众准备向即将成立的"冀察政务委员会"所在地,也就是外交大楼示威时,宋哲元调来大批军警,用大刀、木棍向手无寸铁的学生施暴,并逮捕了 30 多名学生。其中有 100 多名学生受了伤。年轻的学生们用自己的血肉之躯将中国历史推向一个重要关头。

但是,反动政府的血腥镇压并没有吓倒心系祖国存亡的学生们,"一二·九"之后,学生们的爱国斗争仍然在继续。他们纷纷罢课、发表宣言,并高呼"打倒日本帝国主义",要求政府反对内战,一致抗日。

14 日,《立报》以"北平消息"为题,发表了朱自清写给谢六逸的信,大致内容是:

> 记者先生……这回知识分子最为苦闷,他们眼看着这座文化的重镇,就要沉沦下去,却没有充足的力量挽救它。他们更气愤的,满城都让些魑魅魍魉白昼捣鬼,几乎不存

一分人气。他们愿意玉碎,不愿意瓦全。

也就在这一天,北平报界披露,"冀察政务委员会"将于 12 月 16 日宣告成立。16 日,万名爱国学生再次上街游行。清华、燕京等校学生,在清晨 6 时,便冒着刺骨的寒风出发了,但却被军警拦在了西直门和阜成门外。于是,学生们越过铁路,奔到西便门,发现城门又被关闭。愤怒的学生们便冲开城门进入了市区,与各路游行队伍会师天桥,召开 1 万多名市民参加的大会。

朱自清和另外两位教师也参加了这次大游行,途中当他看到军警戒备森严之时,他很想劝学生们返校。但是,当他看到学生们奋不顾身地冲城时,便打消了这个想法。

朱自清对市府镇压学生的行为感到非常不满,直到回到家里他心中还愤愤不平。他情绪高昂,热血沸腾,虽然半壁江山胡尘蔽天,但是他却从这些年轻的学生身上看到了希望。因此他并不悲观,怀着激动的心情写了一首《维我中华》歌。

1936 年 2 月 29 日的晚上,天空乌云密布,还刮起了风,清华园沉浸在一片黑暗中。虽然夜深了,但是朱自清还没有休息,他正在和陈竹隐聊着天。忽然,他听见外面传来急促的叩门声,连忙打开门,只见黑暗中站着两位惊恐瑟缩的女学生。

原来,29 军的士兵在当夜闯进了学校搜查宿舍,骚扰了一个多小时,还抓走了 21 个学生。这两个女学生是来避难的。朱自清夫妇热情地将两个学生请进家中,为她们张罗了住宿。这样,两个学生才度过了这个不安之夜。

在这民族危亡的严峻形势下,初春的北平极不平静,这也使朱自清的心境难以安静下来。但是,在 3 月间,朱自清终于迎

来了一件值得庆祝的事情,那就是他的散文集《你我》由商务印书馆出版了。这部散文集全集共计29篇,分为2集,甲集是随笔,乙集是序跋和读书录。

5月30日,朱自清吃过午饭后,忽然接到了三弟从扬州寄来的信。他拆开一看,不禁大吃一惊,原来母亲病重,信里催他尽快汇款回去。于是,朱自清在惊恐之余,连忙拿着金戒指乘车进城兑换现金。但是,由于种种原因没有兑换成,他晚上只好留宿在朋友家里。

第二天,朱自清急忙赶回了北平的家中。这时,他又接到了父亲的来信,信上说母亲已于5月28日5时去世了。读完信,朱自清悲痛万分,但是因为工作太忙,不能回家奔丧,他便把钱汇了回去。7月初,朱自清终于能趁暑假的时间,回扬州看望亲人。

假期结束后,朱自清又回到了学校开始了教学生活。10月19日,由文学系进步学生组成的"清华文学会"的一些干部正在商议事情,朱自清冒着风雪闯进会所,气喘吁吁地告诉大家说:"鲁迅先生去世了!"

"清华文学会"的成员听了,不禁大吃一惊,都把震惊的目光投向了朱自清。原来,朱自清在城里得到了这个不幸的消息后,就特地赶回来报信。10月24日,"清华文学会"举行了鲁迅的追悼大会,朱自清和闻一多也都出席并做了讲演,以表示他们对鲁迅先生逝世的深切哀悼。

第二天,朱自清又和冯友兰一起到了绥远。原来,自8月以来,傅作义的部队在绥远两次打败了日本支持的伪蒙军的进攻,并收回了百灵庙和大庙,于是举国欢腾,还掀起了绥远抗日热潮。因此，朱自清等人是代表北平市民前往绥远慰问的。

12月12日凌晨，张学良毅然发动了"兵谏"，派兵到临潼华清池拘禁了蒋介石及其重要干将十余人，提出了停止内战、实行民主、坚持抗日的8项主张，并致电中共中央，邀请中共派代表至西安共商救国大计。这便是震惊中外的"西安事变"。

消息传到北平后，民众对事情的真相都不明了，于是所有人都议论纷纷。朱自清也是惶恐不安，他在1936年12月13日的日记中写道：

> 张学良兵变，扣押蒋介石，尚无详报，此诚大不幸也……

他在15日的日记中又写道：

> 午后开教授会。通电中央请讨伐张学良，另拟宣言，七人起草委员会以余为首。

20日，朱自清在家中汇集资料，准备写一篇论文《诗言志辨》。这时，一位陈姓朋友登门拜访。他们在闲谈中，不知不觉地就谈到了西安事变，后来朱自清明显感觉到陈姓朋友的言论与自己的政治立场不同，便忙向朋友表示自己的立场与政府相同。

后来，在中国共产党的正确方针指引下，西安事变得到了和平解决，国共终于坐在谈判桌上形成一致意见，蒋介石得以释放，内战停止了，国内暂时出现一点新气象。

清华大学终于可以照常上课了。这时的朱自清一面忙于教学，一面专心致志地写《诗言志辨》。但是民族的危机感，仍

像磐石一样压在他的心头。

转眼,血雨腥风的 1936 年过去了,朱自清感到自己已不觉年届四十。不惑之年的到来让他不胜感慨,作有七律《盛年》:

> 盛年今已尽蹉跎,游骑无归可奈何!
> 转眼行看四十至,无闻还畏后生多。
> 前尘项背遥难望,当世权衡苦太苛。
> 剩欲向人贾余勇,漫将顽石自蹉磨!

朱自清在诗中回首往事,感叹世事之艰辛;展望未来,虽然韶华已逝,但自己也不愿消沉,仍须坚持自策自励向前走去。

第四章

在西南联大的日子

经历七七事变

1937年新学年开始以后,朱自清每天都和闻一多、朱光潜等人忙于《语言与文学》杂志发刊的事。6月,《语言与文学》终于问世了,这是一份学术性很强的刊物,主编是闻一多。朱自清的《诗言志辨》发表在创刊号上。

《诗言志辨》是一篇研究古代文学、批评"意念"的著作,里面的资料非常丰富,分析鞭辟入里,态度审慎而不拘泥保守,它有力地批判了传统的经典学说,详明地阐释了文学历史的真相,为中国文学批评史开辟了拓新之路。

7月,暑假开始了,按规定,一、二年级的学生都要到西苑兵营接受军事训练,校内只有等待职业安排的200多名毕业生,教师们也大多数都外出旅游了,因此整个校园里空荡荡的。

朱自清哪儿也没去,他整天都沉溺于苦苦思索中,因为他此时正着手写一篇论文《〈文选序〉"事出于沉思,义归乎翰藻"说》。所以他需要广泛搜求资料,然后认真比对分析。最后,他企图从小处下手,以简释文学批评史上的重要问题。

7月7日夜里,朱自清坐在南窗下边想边写,他吸着香烟,夜风透过纱窗,拂弄着飘散在室内的蓝色烟雾,带来一丝凉意。夜深了,万籁俱寂,只有附近村落偶尔传来几声狗吠,墙上挂钟滴答声也分外地清晰。

突然,远处传来一阵密集的枪炮声,宁静的清华园被这骤

来的声响惊醒了,无数窗户都亮了起来,不少人伸出头来四处张望。朱自清熄灭香烟,放下笔,在家里烦躁地来回走着,他预感到可能有什么非常的事情发生了。

天亮后,一个令人震惊的消息随着晨风传遍了清华园:

> 日本侵略军诡称一个士兵失踪,于夜间向在北平西南宛平县的卢沟桥附近进犯,发出了妄图灭亡中国的罪恶枪炮声。还好中国驻军立即奋起抵抗,才没让日本侵略者得逞。

这就是有名的七七事变。

七七事变是日本帝国主义大规模侵华战争的开始,也是中国人民全面抗日的开始。中国共产党在事变后第二天,向全国发出了通电,电报指出:"只有全民族实行抗战,才是我们的出路!"中国共产党还号召全国人民团结起来,筑成民族统一战线的坚固长城,国共两党亲密合作抵抗日寇的新进攻。

就这样,蒋介石在全国人民的压力下,不得不表示抗战到底的决心,但是他的态度仍然是动摇的,因而又声称"在和平根本绝望之前一秒钟,我们还是希望以和平的外交方法,求得事情的解决"。

国民党政府的妥协,助长了日本帝国主义的气焰:25日,日军向北平附近的廊坊发起进攻;28日,又出动飞机坦克猛扑南苑。北平很快就陷落了。

就这样,卢沟桥的炮声粉碎了朱自清的"安全逃避所",打破了他多年来迷恋"国学"的美梦,他开始意识到只有奋起抵抗而别无他途了。有一天,一个学生要投笔从戎奔赴沙场,前来辞行,朱自清很是支持,他慷慨激昂地说:"一个大时代就要到临,文化人应该挺身起来,加入保卫祖国的阵营。"

北平沦陷后,朱自清日夜忧虑清华的安全。29 日,他特地进城拜访有关人士,询问清华有可能被占领的事情。这时,他忽然接到学校打来的电话,说是校里已落下一枚炸弹,而且校门口群集了不少贫苦老百姓,十分危险。于是,朱自清急忙去拜访冯友兰,请公安局派警保护。

8 月 5 日,日本侵略者的军车开进了清华园,荷枪实弹的日军立于校门口,美丽的 "水木清华" 就这样陷入了魔爪之中。于是,政府为了使学生不在抗战期间失学,特意选定了适当地点筹设若干临时大学。临时大学共分三区,第一区在长沙,第二区在西安,第三区地点未确定。

北京大学、清华大学和南开大学的临时地点划在了长沙,称 "长沙临时大学"。于是,清华师生在日寇刺刀的胁迫下,纷纷整理行装准备南下。朱自清在陈竹隐帮助下,匆忙地收拾了衣物,因动乱中携带家眷不便,决定单独前往长沙。

9 月 23 日傍晚,朱自清怀着无限眷恋的心情告别了妻儿,告别了那宁静的院落,匆匆赶往天津。从 1925 年秋到北平,朱自清在清华园度过了整整 12 个春秋,谁知现在竟是这样仓皇地离去!但是他坚信,他终有一天会再度回来。

北平车站拥挤不堪,检查极严,朱自清好不容易才上了车,没想到车里的一派惶惶景象令人心碎。过了好久,车轮才缓缓启动。朱自清晚上到达了天津,住在六国饭店,他在那里还遇到了许多熟人。23 日下雨,天气骤冷,他乘车到塘沽,搭轮船赴

青岛。

到达青岛后,朱自清在新亚大饭店住了一天。青岛市容萧条,一片凄凉,不能久留。于是,他立即乘车到济南,又乘津浦车南下,半夜抵达徐州。10月1日,他又从徐州转郑州,2日早晨到达了汉口。在汉口,朱自清住在了扬子江饭店,他还到武汉大学参观并访问闻一多。10月4日中午,朱自清终于到达了长沙。

临时大学里的一切都是匆忙之中准备的,因此筹备工作千头万绪,纷乱无章。朱自清就暂住在长沙小东门外韭菜园圣经学校。大学共设置4个学院17个学系,朱自清任中国文学系主任,并被推为该系教授会主席。

由于校舍不够用,校部决定将文学院设于南岳衡山山麓圣经书院。于是,这里就成了长沙临时大学的南岳分校。11月3日,下着大雨,朱自清和同人乘汽车往南岳。

教员的住宅距教室有半里之遥,在一个小山坡上,是一所楼房。里面房间不多,于是大家决定两人一室,不挑人,也不挑房,用抽签方式决定。朱自清主持其事,没想到他却幸运地抽到一间单人住的小房间。

学生和教师们到南岳后立即开始上课。由于当时过的是避难生活,所以教师们不分彼此,俨然恢复了学生时代的生活方式。闲暇时,教师们或集体上山,游逛寺庙、古迹,或一起到山脚小镇购买日常用品,间或也苦中作乐,到饭店小酌几杯。但是,朱自清酒量不大,微醉即止,从不失态。

除了上课,教师们都埋头于学术研究,闻一多考订《周易》,朱自清则钻进南岳图书馆搜集资料,继续撰写《〈文选序〉"事出于沉思,义归乎翰藻"说》。文学院在南岳待了三个月,朱自清和中文系师生团结一致,同舟共济,生活虽然艰苦,但是却很充实。多年后,冯友兰曾回忆道:

> 我们在南岳的时间,虽不过三个多月,但是我觉得在这个短时期,中国的大学教育,有了最高的表现。那个文学院的学术空气,我敢说比三校的任何时期都浓厚。

教授和学生真是打成一片。还有个北大同学也回忆说:

> 在南岳一个月所学的知识比在北平一个学期还多。我现在还在想,那一段的生活,真是又严肃,又快活。

在蒙自的艰苦生活

1937 年 12 月 13 日,南京陷落,日寇对这座古城进行了惨绝人寰的大屠杀。他们还沿长江一线进逼,威胁武汉,危及长沙。为了把学校继续办下去,学校举行了第 43 次常务会议,决定将学校迁往昆明。

学校规定教职员和学生于 3 月 15 日以前到新校址报到。分水陆两路走,水路经粤汉铁路至广州转香港,乘船入安南海防,再乘火车经河内入昆明。虽然一路上多次换乘车或船,但是既方便又迅速。陆路是师生们共同组成"湘黔滇旅行团",由

湘西经贵州,到达昆明,共有学生 244 人,闻一多等 11 位教师也参加了这一队伍。

朱自清和冯友兰等十几位教师没有沿着上述路线进滇,而是包租汽车从长沙南岳出发,经南宁、龙州出镇南关入安南,再乘火车至昆明。

2 月 17 日上午 11 时,朱自清等人到达桂林。这是一座具有两千多年历史的古城,风景秀逸,气候宜人,是举世闻名的游览胜地。从桂林到阳朔,漓江犹如一条青绿色绸带飘荡于烟雾之间,两岸青峰奇秀,千姿百态,如诗似画,朱自清等人一路流连山水,饱览风光。

不料,就在一行人刚要到达镇南关时,冯友兰的左臂不幸被碰折了。于是,一到河内,朱自清便立即将他送往医院,还陪了他两天才走。3 月 14 日下午 5 时 20 分,朱自清等人抵达昆明,住在了迤西会馆。

在这里,朱自清接到了三弟国华的来信,里头还附有父亲的信,说是全家平安,寄去的 80 元也收到了。这 80 元是上一年 10 月中旬在长沙时,朱自清向学校借薪寄回去的。得知阖家安康,他心中非常踏实。

昆明位于滇东高原中部的滇池盆地之北,风光明媚,四季如春,是一座有着悠久历史的文化名城。3 月 20 日刚好是星期日,天气又好,于是,朱自清和几位教师约好一同去西山闲游。

西山海拔 2000 余米,山上森森茂密,有滇中高原"绿翡翠"之美称。朱自清先到华亭寺,山门外有莲池,寺内有彩塑五百罗汉,状态各异,塑工精巧。

在一个院落里,有一位先生、三位女士和两个孩子,六个人围坐在一起唱着歌,别提多欢乐了。其中,有一个太太的背影非常像陈竹隐,那个 4 岁小孩也酷似自己的小儿子思俞。朱自清观望良久,思家之情油然而生。

不久后,临时大学决定将文学院和法商学院设在蒙自,原因是难民聚集,人满为患,昆明实在无法容纳一所千余人的大学校,而蒙自却有许多空房子。

4 月 2 日,教育部下令将"长沙临时大学"改为"西南联合大学"(以下简称"西南联大"),定于 5 月开学。于是,朱自清便跟随分校的师生于 4 月 4 日前往蒙自。这次前往蒙自的共有92 人,随后又有 100 多人抵达。

蒙自在昆明南面至越南边境约四分之三处,是个小城,只有三四条街,几间店铺,不要多少时间就可以穿城而过。但是,朱自清却感到蒙自"小得好":卖东西的店铺,差不多闭了眼可以找到门儿;一些名胜去处,一个下午便可以走遍。

蒙自人口只有 1 万左右,很安静。不论在城区还是乡下,路上有时不见一个人,整个天地仿佛都是自个儿的一样,这让朱自清想起了自己之前生活过的台州和白马湖。不过,蒙自苍蝇太多,夸张点说,假如谁在街上笑了一下,他一张嘴便有可能飞进一只苍蝇去。

西南联大蒙自分校规定 5 月 4 日开学。"湘黔滇旅行团"的师生于 4 月 28 日到达昆明,他们这次行程为 3500 里,一共走了 68 天。朱自清得知他们到来之后赶紧出来迎接。这时的闻一多人虽清瘦,却很有精神。为了纪念五四爱国运动,北大学生晚上集会,朱自清被邀作了演讲,他说了些旅路上的轶事,大家听了都很开心。会上通过了《告全国同胞书》。

不久后,地方政府拨给了西南联大一个海关旧址,校方又
租了东方汇理银行的旧址当教室。海关的房子是西洋式建筑,
地方不大但很幽静,里面有一座大花园,路边长满高大的由加
利树(桉树),树上有好些白鹭,羽毛洁白,姿态伶俐,飞来飞去,
极耐人看。夜晚月光从树缝里倾泻下来,园里显得分外恬静。

学校还在附近租了几间民房当宿舍,朱自清住的是独间,
只有 10 平方米大,房里放着一张床铺、一张方桌、一张小书桌、
一个竹书架、一张藤椅和几张凳子,颇为拥挤。室外是一个大
院子,庭中枝藤丛绕,其间有许多不知名的小花,很有韵味。

在蒙自的生活虽然简陋艰苦,但是也有乐趣。大街上有一
家卖粥的,店面很干净,粥又便宜,掌柜姓雷,是四川人,他白发
苍苍,但是脸上却常带着微笑,西南联大教师管这个铺子叫“雷
稀饭”。朱自清经常和同事去店里光顾。

蒙自还有几家越南侨民开的咖啡馆,主要卖咖啡、可可、炸
猪排、煎荷包蛋等,也做西餐,去光顾的多是学生。

蒙自出果子酒,朱自清常和友人慢饮长谈,话题上下古今,
不着边际,有时也谈论为人之道。这样共饮,每月至少一次,后
来朱自清由于胃不好就不再喝了。

朱自清和学生相处极好,闲暇时常去学生们的宿舍走走,
有时还请他们到自己房间闲聊。朱自清也会向他们探询家书
中传来的消息,尤其是扬州方面的情况。他非常关心战局,常
和同学们交换看法,有时甚至还拿出地图,和他们一起寻找一
城一镇的位置。

蒙自小城还有个特色,就是对联多,差不多家家都有。许
多对联都切合人家情况,但最多的是抗战的内容,这就造成一

种气氛,让行人不会忘记时代和国家。朱自清对此极感兴趣,认为这是"利用旧形式宣传抗战救国,是值得鼓励的"。

蒙自有一个南湖,冬春两季水很少,西南联大4月来时,只是一个干河床,因此农民便由此抄近路进城赶集,学生们租马或驴子在这里骑着玩。到了5月,雨季来临,湖水美丽非常,湖堤上桉树成行,杨柳依依,风景非常美丽。

朱自清常和冯友兰结伴在湖边散步,富于联想的他,一站到堤上,目睹此情此景,便想到北平的什刹海,心中不禁涌起一股莫名的思乡之情。就这样,美丽的南湖,点缀了西南联大师生们的艰苦生活,给他们带来了一丝诗情画意。

离开北平之后,朱自清一直记挂着家中的妻子和儿女。5月底,朱自清得到消息,陈竹隐将带着孩子们从北平来云南,他高兴极了。陈竹隐一行人是在5月下旬随北大、清华的部分家属南下的,一路上历尽了千辛万苦。陈竹隐后来回忆说:

> 那时日本人的吉普车在城里横冲直撞。在告别北平时,我差一点叫日本人的车撞上,结果我坐的三轮车翻了,车夫受了伤,我的脚也崴了。我就是一瘸一拐地启程南下的。
>
> 在南下的船上,我们还遇到日本人的搜查。日本兵把全船的人都轰到甲板上,排成一队,挨个检查。他们认为可疑的人,便用装水果的大蒲包把头一裹就拉走,完全不由分说。看看这蛮横的情景,真使人体会到亡国的痛苦。
>
> 船快到越南的海防时,又遇到了台风。大风大浪打得船上下颠簸。大家都翻肠倒肚地吐呀,吐呀!放在格子里

的暖瓶全摔碎了，人也根本无法躺在床铺上。我的大女儿在隔壁舱房里边吐边哭喊着："娘呀，我冷啊，冷啊！"

而我身边还有两个小孩子，我在舱里死死用手抓住栏杆，用脚抵住舱壁，挡着两个小孩子，不让他们掉下来。听着隔壁女儿的哭喊声，我心里真是难受极了。大风浪整整折磨我们一夜，第二天风浪小了，可厨房里的盘碗餐具都打碎了，大家都只好饿肚子。

6月2日，船到海防时，朱自清早已闻讯从蒙自赶来，在码头上等待多时了。海防到处都是绿树红花，美得很，可是这美丽的土地却是法国的殖民地。在码头上、旅馆里，做苦力的越南人常被法国人鞭打，朱自清看到这种情景，十分痛心，气愤地对孩子们说："我们要是亡了国，也会像他们那样受苦！"

6月4日，朱自清带着妻子和儿女回到蒙自。将近学期结束时，西南联大师生迎来了云南特有的火把节。这是彝、白、纳西、哈尼等族人民的传统节日，节期在农历六月二十四至二十六日间。

晚饭过后，夜幕下沉，家家门口烧起树枝，处处燃着熊熊火光。一声锣响，金角齐鸣，男女老少抬着米酒、炒豆等食品，点燃火把，并用松香扑撒在火上，顿时光焰冲天，扬起阵阵香气。孩子们手里都捏着烂布浸油的火球晃来晃去，他们跳着、叫着，欢呼声此起彼伏。

朱自清十分喜欢这种充满生气的热闹场面，因为它富有时代的精神，他激动地对人说："这火是光，是热，是力量，是青年，它暗示着生命力的伟大。"

火把节过后不久,学期就结束了。这届毕业生因为西南联大刚成立,一切尚未成绪,所以拿到的文凭上写的还是以前的校名。后米,清华这届毕业生编纂了一本"清华第十级年刊"的纪念册,朱自清还为纪念册写了一段话:

> 向来批评清华毕业生的人都说他们在做人方面太雅气、太娇气。但是今年的毕业同学,一年来播荡在这严重的国难中间,相信一定是不同了。
>
> 这一年是抗战救国开始的一年,是民族复兴开始的一年。千千万万的战士英勇地牺牲了,千千万万的同胞惨苦的牺牲了。而诸君还能完成自己的学业,可见国家社会待诸君是很厚的。
>
> 诸君又走了这么多的路,更多地认识了我们的内地,我们的农村,我们的国家。诸君一定会不负所学,各尽其能,来报效我们的民族,以完成抗战建国的大业的。

送给毕业生的话情殷殷,意切切,充满了朱自清对年轻学生的无限期望,学生们看了都很感动。后来,毕业生们背着行囊,告别师友,踏上新的征途。

送毕业生的那天,朱自清精神抖擞地站在蒙自车站的月台上,频频地向坐满学生的小火车挥手。车声辘辘,逐渐远去,学生们回首眺望,还隐约能看见他那高举礼帽不断挥动的身影。

彻底辞去一切事务

　　新学期即将到来,西南联大在昆明西北三分寺附近购置了100多亩地,建盖了100多间教室和宿舍。虽然校舍比较简陋,但总算能够满足集中办学的需求了。于是,蒙自分校的师生们纷纷搬回昆明上课。

　　9月3日,朱自清一家也从蒙自搬回了昆明。然而,突如其来的灾难再次打乱了西南联大的开学计划。9月28日,昆明遭到日机空袭,西南联大租借的教职员宿舍都被炸毁了,死伤者无数,其中还有少数学生。朱自清亲眼看到无数死者横卧地上,场面异常惨烈。

　　但是,日军的暴行并未让西南联大师生们感到胆怯。为了更好地肩负起时代使命,彰显师生对抗战必胜的决心,学校在10月初成立了编写校歌委员会。罗庸、朱自清、闻一多、冯友兰等都是该会的成员,几经锤炼之后,一曲庄严凝重却又荡气回肠的《西南联大校歌》写成了:

　　　　万里长征,辞却了五朝官阙。暂驻足衡山湘水,又成离别。绝徼移栽桢干质,九州遍洒黎元血。尽笳吹弦诵在山城,情弥切。

　　　　千秋耻,终当雪,中兴业,须人杰。便一成三户,壮怀难折。多难殷忧新国运,动心忍性希前哲。待驱除仇寇复神京,还燕碣。

在师生们的共同努力下,学校渐渐步入正轨。11月8日,新学期正式开始了。这学期朱自清开讲"文学批评"一课,由于准备充分,材料丰富,所以这门课深受学生们的欢迎。虽然时不时要遭受敌机的突然轰炸,生活很是艰难,可是在教学上朱自清还是本着一贯认真的精神,他绝不会因生活动乱而有半点马虎。

朱自清连日都忙于指导学生选课,批改学生作业,每天都要坚持到夜里12点以后才能休息。有一次,由于饮食不慎,朱自清得了严重的痢疾,但是考虑到已经答应学生第二天上课要发作文,他还是连夜批改了学生们的文章。

在当时,妻子陈竹隐劝他休息,他只是说:"我答应明天发给学生的。"

陈竹隐没有办法,只好在他书桌边放个马桶。朱自清就这样整整批改了一夜,他这一夜共腹泻了30多次。天亮后,陈竹隐眼中的丈夫已经是脸色蜡黄,眼窝凹陷,人都脱了相。但是,朱自清却连脸都没来得及洗,提起书包就去给学生上课了。

在搞好教学与学术研究的同时,朱自清始终热切地关注着抗战局势。虽然抗战形势异常艰苦,但是台儿庄大捷、平型关战役胜利的好消息大大鼓舞了全国人民的抗日热情。

朱自清对局势充满了信心,"中华全国文艺界抗敌协会"在武汉成立时,他被推为理事,于是他努力从事抗战文艺运动。后来,云南分会在昆明召开,他和吴晗、杨振声等出席会议,并且坚决拥护长期抗战的国策。

1939 年 7 月 7 日,转眼间全面抗战已经持续两年了。昆明各界纷纷举行抗战纪念活动,朱自清连夜写了短文《这一天》,热情讴歌新中国诞生的日子,他激动地写道:

> 这一天是我们新中国诞生的日子。
>
> ……………
>
> 从前只知道我们是文化的古国,我们自己只能有意无意的夸耀我们的老,世界也只有意无意的夸奖我们的老。同时我们不能不自伤老大,自伤老弱;世界也无视我们这老大的老弱的中国。中国几乎成了一个历史上的或地理上的名词。
>
> 从两年前这一天起,我们惊奇我们也能和东亚的强敌抗战,我们也能迅速的现代化,迎头赶上去。世界也刮目相看,东亚病夫居然奋起了,睡狮果然醒了。从前只是一大块沃土,一大盘散沙的死中国,现在是有血有肉的活中国了……

接着他高呼:

> 我们不但有光荣的古代,而且有光荣的现代;不但有光荣的现代,而且有光荣的将来无穷的世代。新中国在血光中成长了。

由于昆明经常遭到空袭,安全得不到保障,朱自清便和几位教师移居在城外北郊的梨园村。这一学期,朱自清开始给学生讲"宋诗",他每次的讲解十分详细生动,因此学生们都非常喜爱这门课程。10 月 12 日,是新学期的第一节课,只见朱自清一登上讲台,便在黑板上写下了两首七律,一首是刘长卿的《送李录事兄归襄阳》:

> 十年多难与君同,几处移家逐转蓬。
> 白首相逢征战后,青春已过乱离中。
> 行人杳杳看西月,归马萧萧向北风。
> 汉水楚云千万里,天涯此别恨无穷。

另一首是苏轼的《和子由渑池怀旧》:

> 人生到处知何似?应似飞鸿踏雪泥。
> 泥上偶然留指爪,鸿飞那复计东西。
> 老僧已死成新塔,坏壁无由见旧题。
> 往日崎岖君记否?路长人困蹇驴嘶。

但是朱自清只写下了诗的内容,没有写下题目和作者,并询问学生对哪首诗感到熟悉,在听完学生回答后,才从这两首诗入手讲解唐宋诗的区别。

朱自清告诉学生,这两首诗都是讲离别的,但是意味却大不相同。前者就是抒发感情,后者则讲出了一些道理。由此可见唐诗主要是抒情,宋诗主要是说理;唐诗以《风诗》为正宗,宋诗则以文为诗,即所谓"散文化"。朱自清的这种具体扼要又便于理解的讲解方式,引起了学生们极大的学习兴趣。

朱自清讲授时不仅逐句解析,深挖用句用词的来历,而且深入浅出地给学生指出研究中国文学的路子,因此他的课程总

是大受欢迎。他还常常要学生自己给自己当老师,因此上课之前,学生必须认真预习才能充分应对。

在学生眼中,朱自清是自己求学路上的指路人,但是他也有自己的苦恼。这主要是入滇以来行政事务缠身,以至于他连做学问的精力都被分散了。他常对人说:"你看我什么学问也没有,什么也拿不出来,我实在非用用功不可了。"

早在1939年1月,朱自清就在日记中一吐心中的苦闷。他想到自从南迁以来,自己每天上午去学校办公,下午访友或买东西,晚上参加宴会茶会,这样日复一日的生活实在无法令他把精力集中在研究上。

有一天,朱自清看学生壁报上有一篇文章是批评朱自清对导师制的看法的,原来他曾说学生决不愿受师长之领导,因为他们习惯于群众运动,善于利用集体力量改善自身的福利。

学生的文章则表示他们并不反对师长,而且他们也不能以自身力量谋取福利,并以贷金的事件为例子,说明学生要求贷金良久,但是校方却并未付诸实施,学生的意思分明是对朱自清负责过贷金委员会工作有意见。

后来,朱自清看了壁报文章后,越发感到一些事务工作实在是浪费自己精力,也影响了自己的研究工作,再加上自己近来身体不适,常常胃疼。于是,他下定决心要摆脱这种忙碌的状态,全身心从事国学研究。

后来,在学期结束的时候,朱自清以健康为由,辞去了西南联大中国文学系主任职务。但是,校方还要他担任清华国文系主任。因此他一时之间还不能完全摆脱行政事务的纠缠,这让朱自清感到了无限苦恼。

朱自清辞职后,西南联大中文系主任由著名语言学家罗常培继任。开学后不久,罗常培主持中文系师生召开了一个座谈会。一开始,他讲了系里的一些情况,忽然话锋一转,很严肃地说道:"有一个同学,学号是1188,他填的表里,说他爱读新文学,讨厌旧文学、老古董,这思想要纠正。中国文学系,就是研究中国语言文字、中国古代文学的系。爱读新文学,就不该读中文系!"

原来,入学之后,系里发给每个新生一份表格,目的是调查他们的兴趣和家庭情况,那张表就是学生刘北汜填的。当时西南联大中文系规定,中文系学生一、二年级上基础课,三、四年级以后分组,一为语言组,一为文学组。

那时,在新文学方面只有杨振声开设的"中国现代文学"和沈从文讲授的"语体文习作"。由于刘北汜感到新文学课程太少了,因此他在"课外爱读书籍"这一栏目里表达了自己的意见。可是他万万没有想到,这么一件小事竟然惹得系主任如此恼火。

正当刘北汜认为自己惹下大祸十分狼狈的时候,朱自清站起身来说道:"这同学的意见,我认为值得重视。我们不能认为学生爱好新文艺是不好的事。我认为这是好现象,我们应该指导学生向学习白话文的路上走。这应是中文系的主要道路。研读古文只不过便利学生发掘古代文化遗产,不能当成是中文系唯一的目标。"

朱自清的这个观点很显然与罗常培的观点针锋相对,出乎与会者的预料的是,朱自清讲完话后,会场一片寂静。这时杨振声站起来支持朱自清的意见,并建议中文系的课程应增加新文学的比重。座谈会差一点变成了辩论会。

后来,朱自清越来越想要摆脱行政事务了,他给在吴组缃的信中说道:

> 我这些年担任系务,越来越腻味。去年因胃病摆脱了联大一部分系务,但还有清华的缠着。行政不论范围大小,都有些麻烦琐碎,耽误自己的工作很大……今年请求休假,一半为的摆脱系务,一半为的补读基本书籍。一向事忙,许多早该读的书都还没有细心读过;我是四十多了,再迟怕真来不及了……

不能全身心投入学术研究之中令朱自清很不踏实。空虚之外,是从未有过的时间紧迫感。于是当他再次得到休假机会的时候,他便连清华国文系主任一职也辞去了。这说明他要彻底摆脱事务,专心学问。最后,朱自清的请求获得了批准,他终于可以舒一口气了。

举家前往成都

1940 年,战争形势依旧十分紧张。在侵略者不断压迫下,国民党政府调转枪头,展开了对共产党的围剿。因此,随着战争形势的日益恶化,昆明物价暴涨。但是,此时又逢天旱无雨,青黄不接,因此百姓生活异常艰难。朱自清十分同情这些饥民,因为他明白吃饭这一基本权利受到威胁是什么样的滋味。

在 1937 年七七事变以前，教授们的工资大概为 300 元，那时 3 元钱可以换 1 美元，5 元则能换 1 英镑，较高的工资水准使他们的生活比较稳定。可是，到了昆明之后，货币贬值的程度令人惊愕，当时国民政府推行法币政策，而云南拒用法币，日常交易以银币为主。而法币兑换银币，最高时竟达 60 元法币兑换 1 元银币，教授的 300 元法币，只值 5 元银币。

昆明飞涨的物价和家中众多的人口，使朱自清的生活捉襟见肘。恰巧这时陈竹隐又怀了孕，因此要维系家中日常生活对于朱自清来说实在是困难极了。考虑到陈竹隐是成都人，那里的东西比昆明应该便宜些，所以夫妻二人商量后决定举家迁往成都。

不料，由于家中光景惨淡，他们竟然连路费都拿不出来了。于是，朱自清只好忍痛割爱，把当年从英国游历回来时送给陈竹隐的留声机和音乐唱片，以低廉的价格卖给了旧货铺。就这样，全家才终于来到了成都。

8 月 4 日，朱自清把家安顿在了东门外宋公桥报恩寺里，他住的是旁院三间没有地板的简陋小瓦房，收拾一番后却也洁净。14 日，陈竹隐又生下了一个女儿。

几天之后的一个清晨，叶圣陶前来看望朱自清。原来，抗战期间，他原在武汉大学中文系任教，后来在 1940 年 5 月又被四川省教育科学馆聘为该馆专门委员，负责审查小学国文教材。所以，这年 7 月，他得知朱自清一家搬来成都之后便来找他。

分别多年，二人再次相见后都欣喜不已。但是，当叶圣陶环视朱自清所住的茅屋之时，只见满目贫穷萧然之相，心中感到一阵酸楚。午饭时，朱自清拿出一瓶珍藏的好酒和有名的云

南宣威火腿请叶圣陶品尝，二人把盏叙旧。下午还去了不远的
望江楼品茶畅谈。之后两人时常见面，或闲谈，或小饮。

　　1941年1月31日，叶圣陶也将家眷从乐山接到了成都，
朱自清特地从东门赶去祝贺。在成都，朱自清常和叶圣陶在一
起赋诗唱和，互诉衷肠。朱自清曾经在《近怀示圣陶》五言古诗
中有诗句：

> 累迁来锦城，萧然始环堵。
> 索米米如珠，敝衣余几缕。
> 老父沦陷中，残烛风前舞。
> 儿女七八辈，东西不相睹。
> 众口争嗷嗷，娇婴犹在乳。
> 百物价如狂，距躟孰能主？

　　朱自清喜欢将自己忧世伤时的情怀深情向老友倾诉，虽
然他自己甘守清贫，但是绝不会对当前风雨如晦的现实视若无
睹，面对山河破碎，他感到无限痛心。

　　朱自清的这首长诗，沉郁顿挫、感慨悲凉，读后让人深切地
体会到了处于饥寒交迫中的诗人的凄凉之情，更反映了一个知
识分子在凄风苦雨中对祖国、对人民的殷切之情以及对抗敌救
国的坚贞之志。

　　许多年后，朱自清的思路回溯到遥远的过去，想起他和叶
圣陶结识的情况，想起了叶圣陶的性格与品性，忆起了他们在
杭州同室对床夜话、共泛西湖的情景时，他激动不已，按捺不住
自己内心的澎湃情感，特赋诗《赠圣陶》寄赠：

平生游旧各短长，君谦而光狷者行。

我始识君歇浦旁，羡君卓尔盛文章。

讷讷向人锋敛铓，亲炙乃窥中所藏。

小无町畦大知方，不茹柔亦不吐刚。

西湖风冷庸何伤，水色山光足彷徉。

归来一室对短床，上下古今与翱翔。

曾无几何参与商，旧雨重来日月将。

君居停我情汪洋，更有贤妇罗酒浆。

嗟我驰驱如捕亡，倚装恨未罄衷肠。

世运剥复气初扬，咄尔倭奴何猖狂。

不得其死者强梁，三年血战胜算彰。

烽火纵横忽一乡，锦城东西遥相望。

悲欢廿载浩穰穰，章句时复同参详。

百变襟期自堂堂，谈言微中相扶匡。

通局从知否或臧，为君勉勉图自强。

浮云聚散理不常，珍重寸阴应料量。

寻山旧愿便须偿，峨眉绝顶倾壶觞。

　　后来，朱自清和叶圣陶还合作编撰了《精读指导举隅》和《略读指导举隅》。这两本书比一般教本详明确切，都是专供中学国文教师参考所用，并分别于1942年和1943年由上海商务印书馆出版。这两本书出版后，对当时中学的语文教师有了很大帮助，更是深受广大读者的热烈欢迎。

　　假期即将结束，朱自清又要回昆明上课了。为了节省开支，他考虑再三后，决定将家眷留在成都。离开成都这天，叶圣陶

闻讯赶来相送。在码头上,朱、陶二人执手相对,默然无语。一想到此次他乡小聚,没想到又匆匆离别,从此天各一方,两个惺惺相惜的人不知何时能再见面,因此彼此心中不免有一些惆怅。叶圣陶临别赠诗《成都送佩兄之昆明》:

平生俦侣寡,感子性情真。
南北萍踪聚,东西锦水滨。
追寻逾密约,相对拟芳醇。
不谓秋风起,又来别恨新。
此日一为别,成都顿寂寥。
独寻洪度井,怅望宋公桥。
诗兴凭谁发?茗园复孰招。
共期抱贞粹,双鬓漫萧条。

10月8日,朱自清搭乘小船顺岷江而下。没想到,船到乐山耽搁了一天。于是,朱自清决定借此机会去探望在武汉大学的老朋友朱光潜、叶石荪等人。

乐山有"海棠香国"之美誉,风景优美,在岷江南岸凌云山栖鸾峰临江的崖壁上,有一座开凿于唐玄宗开元元年(713年)、完成于唐德宗贞元十九年(803年)的大佛,高达71米,体态雍容,神情自若,这就是乐山大佛。

好友朱光潜带着朱自清游玩了乌龙寺,看了这座世界最大的乐山大佛,还游玩了蛮洞和龙泓寺。蛮洞是很早以前汉人凿在石壁上的墓室,乐山附近山上都有。龙泓寺是个石窟寺,规模很小,只有一排洞子,大多一人高,每个洞里都有一尊菩萨。

朱自清倒觉得龙泓寺比乐山大佛还有兴味。

19日，朱自清从纳溪乘车往叙永，但是由于汽车少，车票又被黄牛垄断，难以买到，所以他只好出高价和司机商量搭乘。结果不料当天赶上下大雨，再加上汽车没油了，所以一直到傍晚车还没到站。于是朱自清只得摸黑进城，走了十多里泥泞的石子路，相当狼狈。

叙永是个边城，永宁河曲折地从城中流过，蜿蜒多姿。河上有上下两桥，朱自清站在桥上眺望，感到颇为旷远，山高水深，清幽幽的。东城长街有十多里，都是用石板铺就的，很宽阔，有气象。但是叙永的西城，马路上的石子却像刀尖似的，一下雨时又到处都是泥浆，很不好走。

西南联大在叙永有一个分校，朱自清就住在这里，分校的人对他都很好。第一晚到达，由于朱自清在船上蜷曲太久，感觉疲惫极了，所以这一夜睡得很香。赶走了疲惫的朱自清第二天起床时写成《好梦》一诗：

> 山阴道上一宵过，菜圃羊蹄乱睡魔。
> 弱岁情怀偕日丽，承平风物髀人多。
> 鱼龙曼衍欢无极，觉梦悬殊带有科。
> 但恨此宵难再得，劳生敢计醒如何？

后来，朱自清把这首诗寄给了好友朱光潜。

在叙永，朱自清还和李广田见面数次，李广田已十多年不见朱自清了，他在后来回忆时写道：

> 相隔十年，朱先生完全变了，穿短服，显得有些消瘦，

153

大约已患胃病,特别引起我注意的是他的灰白头发和长眉毛,我很少见过别人有这么长眉毛的,当时还以为这是一种长寿的征象。

朱自清和李广田谈得很愉快,他们在一起主要是讨论抗战文艺,特别是抗战的诗。也正是因为这次谈话,才使朱自清下决心要开始从事评论抗战诗歌的工作了。

由于等车,他在叙永待了10天,至11月初才回到昆明。

其实,在朱自清离开期间,昆明遭到了日本战机的疯狂轰炸,许多学生的宿舍都被损毁,学校的实验室、办公室也陆续遭到了破坏。侵略者能摧毁校舍,但是摧不垮师生们抗战求学的坚强意志。

为了继续正常办学,西南联大在昆明北郊的龙院村北购置了400亩土地建盖校舍。清华大学也于东北郊龙泉镇司家营成立了文学研究所,由冯友兰任所长,闻一多任主任。

11月13日下午,朱自清雇了一辆马车将书籍和衣物运到了司家营清华文学研究所。当时许多教师也都搬到了研究所住,闻一多全家住在一个侧楼里,由于朱自清单身一人,便和浦江清、何善周、许骏斋三人合住在闻一多对面的侧楼上。

这里的居住环境有些简陋,房子也不好,里面有一个小小的天井。二层楼上还可以晒到阳光,底层就很阴沉了。不过,这里非常安静,是个读书的好地方。由于住处临近,朱自清和闻一多交往也逐渐密切起来。

第五章

病痛折磨的晚年

饱受胃病的折磨

在文科研究所住的第二年，朱自清重新开始研究《庄子》，他还说要用五年的时间来研究这部书。他对古文字的研究可以说是和研究《诗经》《楚辞》同时开始的。他研究《周易》是二十六年前在南岳开始的，后来，住到昆明司家营以后，他又将研究转到了神话上。

由于从司家营到城里上课，没有直通车，只能步行，所以朱自清就将课程集中在三天里。就这样，每逢星期二，他便夹着布包，沿着金汁河岸向西步行十多里路到西南联大上课。上完课后，他会在北门街西南联大宿舍里住一宿，星期五上午再步行回司家营。

这学期朱自清开始讲"文辞研究"这一门课，这是中文系根据朱自清的专长特别开设的课程。因此，关于这方面的资料，朱自清搜集得很多，每一个历史的概念和用词，他都加以详细的分析和比较，甚至还研究它的演变和确切的涵义。由于这门课的内容比较枯燥，所以选修的学生只有王瑶和季镇淮两个学生，尽管如此，朱自清还是如平常讲授。

由于"文辞研究"是一门新学科，主要是研究春秋时代的"行人"之辞和战国时代的游说家之辞。所以根本没有课本，因此，朱自清上课时就拿着四方的卡片，在黑板上一条一条地抄材料，抄过了再讲，讲过了又抄，一丝不苟，就像对着许多学生

讲课一样。

这学期朱自清还为新生讲国文,一个新生回忆起自己被别人怂恿去听朱自清讲鲁迅的《示众》时,说:

> 上课铃声刚响,朱先生便踏进教室。和身躯比起来,他的头显得分外大。脸上戴一副黑边玳瑁眼镜,西服陈旧而异常整洁。匆匆走到教案旁,对我们点了点头,又点过名,便马上分条析理地就鲁迅及《示众》本文的思想内容和形式技巧各方面提出问题,逐一叫我们表示意见,而先生自己则加以补充,发挥。
>
> 才一开始,我的心就扑通乱跳,唯恐要在这许多陌生的同学前被叫起来,用还没有学好的国语艰涩地道出我零乱的思想来。然而不多一会,我便忘掉一切,顺着先生的指引,一步一步终于看见了作者的所见,感受到作者的感受⋯⋯就这样的,我听完先生授毕预定讲授的大一国文教程中的白话文。

朱自清将全身心投入教学和研究中后,每天天刚亮就起床,去河边锻炼后随即回到书桌前,进入研究状态。因此,他取得的学术成果也颇为丰硕。

朱自清观察到,人们在读古代的一些经典著作时总是显得特别吃力,因此大多数人都对这些著作敬而远之,于是他便撰写了《经典常谈》一书。这本书是对经典进行深入浅出介绍的入门读物,也是朱自清功夫下得最深的一本书。

《经典常谈》涉及面极广,包括《说文解字》第一、《周易》第二、《尚书》第三、《诗经》第四、三《礼》第五、《春秋》三传第六、

"四书"第七、《战国策》第八、《史记》《汉书》第九、诸子第十、辞赋第十一、诗第十二、文第十三，系统地介绍了中国古代文学的发展与历史脉络。

1946年5月，当这本专著由文光书店出版时，叶圣陶撰文向广大读者们给予了推荐。数十年后，叶圣陶又为这本书的重印写了一篇序，他在序中生动鲜活地说明了这部著作的成就：

> 他可真是个好向导，自己在里边摸熟了，知道岩洞的成因和演变，自而能够按实际讲说，决不说这儿是双龙戏珠，那儿是八仙过海，是某高士某仙人塑造的。求真而并非猎奇的游客，自然欢迎这样的好向导。

这段时期朱自清还集中精力撰写了《新诗杂谈》，主要是评论抗战诗歌，竭力主张文艺为抗战服务，提倡写抗战诗和爱国诗。在《抗战与诗》里，他十分推崇艾青、臧克家、老舍的作品；在《诗与建国》里，他认为群体英雄将会不断涌现，新诗必须注重歌咏群体英雄，他大声疾呼："我们迫切地需要建国的歌手。我们需要促进中国现代化的诗。"

《爱国诗》主要鼓励诗人多写爱国的诗篇，朱自清最推崇闻一多的作品，因此他大力向人们推荐闻一多的诗《一句话》：

> 有一句话说出就是祸，
> 有一句话能点得着火。
> 别看五千年没有说破，
> 你猜得透火山的缄默？
> 说不定是突然着了魔，

突然青天里一个霹雳

爆一声:"咱们的中国!"

这话教我今天怎么说?

你不信铁树开花也可,

那么有一句话你听着:

等火山忍不住了缄默,

不要发抖,伸舌头,顿脚,

等到青天里一个霹雳

爆一声:"咱们的中国!"

长久以来,朱自清对工作的投入近乎到了忘我的程度,但是这时他的身体状况也越来越不好了。由于收入微薄,家用又大,他也只能省吃俭用,随着大伙吃大厨房的糙米饭,加上独自一人无人照顾,生活难免有些窘迫。

朱自清经常在上完课后从城里带回一块面包或两三个烧饼维持生活。没有烧饼的日子他就整天吃稀饭。就这样,时间一长,他的胃病便时常发作,严重时甚至连蔬菜也消化不了,他只好将蔬菜放进嘴里嚼嚼再吐出来。

12月8日一大早,朱自清就听说了日本发动珍珠港事变攻击美国的消息。这样,美国势必会对日本进行反击,中国就多了一个抗击日本的帮手。朱自清心中十分高兴,因此晚上便和朋友饮酒庆祝,多吃了一些点心。不料,他夜里胃病发作,翻来覆去疼痛难眠。

直到1942年的2月9日,朱自清胃病也未见好转。他开始吐酸水,身体也日渐衰弱,再加上思想负担沉重,朱自清感到异常痛苦。有一次,学校要他做《诗的语言》报告,他连夜准备。由于那天吃的是胡豆饭,饭后又喝了几杯茶,因此他一整晚都感到腹胀,以至于彻夜未眠。

朱自清身体日渐衰弱,思想负担也重。一天下午,他和闻一多坐在各自书桌前闲谈,无意中聊到了人的年寿。闻一多充满信心地说:"我可以活到80岁。我的父母都是80多岁才死的。我向来除了伤风没害过什么病,活80岁总是可以的。"

朱自清说:"你活到80多岁肯定不是问题。你身体好。清代考据家多半是大年岁。我就不行了,我只希望能活到70岁就知足了。"

后来,两人都沉默了,过了一会儿,朱自清一面翻看着书,一面自言自语地嘀咕:"70岁还是有点太多了,60岁也够了。"

校长梅贻琦和朱自清关系一直很好,9月24日,时近中秋,梅贻琦特地邀请朱自清和另外两位教师去郊外游玩。朱自清身体不好,但是盛情难却,还是去了。

那天上午阴天,下午放晴,可是到了晚上大家想要饮酒赏月时,却又变得浮云满天,因此大家都未能赏玩。于是,晚上所有人都留宿在了那里。朱自清睡在西边一间的屋子里,四周宁静,只有湖边传来水波轻微的拍岸声。不料,第二天回来后,他又感到胃不舒服。就这样,在贫病交加中,朱自清度过了一个又一个难眠之夜。

昆明虽然素有"四季如春"的称号,然而1942年的冬天格外寒冷。朱自清远离家人,破旧的皮袍根本无法御寒,而缝制新棉袍又没有钱,因此过冬便成了他的最大难题。

当时龙泉镇隔几天赶一次集,当地人叫"赶街",朱自清就

趁赶街的日子买了一件毡披风。这种披风有两种，细毛柔软式样好的比较贵，朱自清买不起，所以他只能挑一件便宜的赶马人披的毡披风。晚上他把披风当褥子铺着，白天他又将披风披在身上从乡下进城来上课，由于样子特别，吸引了街上很多人的目光。对此李广田回忆道：

> 有一次，我也到了昆明西南联大，到达后任街上遇到的第一个熟人，就是朱先生，但是这一次我却几乎不认识他了，因为他穿了一件赶马的人所穿的毡斗篷，样子太别致，我看到街上有好多人都注意他，他却昂首阔步，另有意趣。

寒冷的冬天终于过去了。1943年的春天，趁着春光大好，事务不多，朱自清给不少集子写起了序言，其中包括他自己的《伦敦杂记》、王力的《中国现代语法》和马君阶的诗集《北望集》。

朱自清的《伦敦杂记》自1935年开始，断断续续写了将近九年的时间，其实这个稿子早已经交付给开明印刷厂，但是因为当时开明印刷厂被战火轰毁，因此排好的版也化为了灰烬。直到他后来在翻旧书时忽然发现了这些旧稿，因而又把它们寄给了开明，其中残缺了一篇，还是叶圣陶设法抄补的。这年4月，《伦敦杂记》由开明书店印发，共收9篇作品。

《伦敦杂记》是《欧游杂记》的姐妹篇，朱自清在描写时同样抱着客观真实的态度，如同新闻报道那样写出了自己的所见所闻。不过，它和《欧游杂记》比起来，风格还是有所不同的。《伦敦杂记》主要叙写了朱自清当年在伦敦留学七个月的见闻，其中关于伦敦风土人物的描写极富有人情味。

虽然生活上穷困潦倒，但是朱自清从未在精神上做出妥协和让步。有一天,他闲来无事随手翻阅书籍报刊,忽然发现沦陷区的刊物上面有俞平伯的一篇文章。这篇文章与自己在成都时寄给俞平伯的一首长诗有关,这首诗主要表达了他对旧事的回忆,满含他和俞平伯的深情厚谊。

俞平伯的文章内容没有什么大问题,而且朱自清对他的为人品性也是十分清楚的。然而,在这样一个救亡图存的关键时刻,朱自清认为知识分子不应在沦陷区刊物上发表文章。朱自清没有多想,立即写信对好友加以劝说。

1943 年 12 月初,俞平伯回信询问朱自清的近况,但是他对自己发表文章的事含糊其词,只说不过是偶尔敷衍。朱自清看了信后对好友的态度很不满意,于是在当月的 22 日又寄去一封信,他先是告诉好友自己的近况与心境,随后特别郑重提出:

前函述兄为杂志作稿事,弟意仍以搁笔为佳。率直之言,千乞谅鉴。

信中标点虽无叹号,但是俞平伯却感觉到出好友着急的口气。因此他十分感动,每当谈及此事,他就会感慨地说:"非见爱之深,相知之切,能如此乎!"

"疾风知劲草",朱自清认为在飘摇的时代风雨中,知识分子始终都应该是疾风中的"劲草"。他曾经非常有骨气地说:"穷有穷干,苦有苦干;世界那么大,凭自己的身手,哪儿就打不开一条路?何必老是向人愁眉苦脸、唉声叹气的!"

朱自清讨厌那些妥协谄媚、装腔作势、张牙舞爪的可怜虫,他就是要不阿谀、不奉承、不虚伪地做一个堂堂正正的人。

抗战胜利后的欢呼

自1941年休假结束后，朱自清一直没有回过家，他知道妻子带着几个孩子日子过得非常艰难，自己虽然很想念他们，却也无可奈何。1942年夏天，他因为参加教育部召开的部颁大学中文系课程会议去过重庆，尽管离成都只有一步之遥，但是他却没有路费回到家里看望妻儿。

自从和朱自清结婚后，陈竹隐便没再工作过。自1940年带孩子回成都以后，迫于生计，她曾经在四川大学图书馆找了份工作。然而，一个图书馆普通工作人员的收入根本养不起这个数口之家，更何况家里还有个吃奶的孩子呢！平常的日子就够难熬的了，可天灾人祸偏偏经常光顾。

1943年，麻疹肆虐四川，朱家的孩子不幸全部感染。连日的高烧使上学的乔森和思俞转成肺炎，3岁的小女儿蓉隽转成了猩红热。幼小的生命危在旦夕，可连肚子都吃不饱，更别说拿钱去找医生看病了。

幸好陈竹隐的老同学刘云波把他们的小女儿接进了自己开设的医院，还给她用上了最好的药，并尽心竭力地治疗看护，总算把她从死神手中夺了回来。但是，陈竹隐每天往返奔波于医院和家之间，终于不堪重负，在三个孩子身体逐渐好转时，她却病倒了。

得悉家中的这些事后，朱自清在昆明急得六神无主，但是却又没有办法。1944年暑假到了,朱自清托他大学的同窗好友徐绍谷卖掉了自己收藏多年的一块砚石和一部碑帖,又找朋友凑了点钱,这才攒够路费回到成都和家人团聚。

在长期的学者生涯中,朱自清养成了不关心政治、不愿意涉足党派之争的习惯。他以静心地、不受任何干扰地读书为最大乐趣,他最羡慕的便是有一个安心读书的环境。朱自清常说,读书是人的享受,能安心读书的人才最幸福。

但是,在战乱年代,朱自清这么一点小小的愿望却很难满足。迁徙、空袭、缺少书籍、物价暴涨、吃不饱肚子等,这些客观条件都不是他能改变的。对此,他只能应时顺变。

1944年,是世界反法西斯战争取得重大胜利的一年。苏联红军收复了全部国土,并把战争推进到德国及其占领国的土地;英美军队也在法国诺曼底登陆,开辟了第二战场,美军已占领马绍尔群岛开始威胁日本本土。

朱自清对国民党妥协投降的真相并不了解,但是他对抗战却抱有坚定的信心和希望。

全面抗战进入第七个年头,尽管世界反法西斯战争已取得重大胜利,日本帝国主义也已经走向下坡路。但是,国民党政府却更加腐朽衰败,广大民众生活日益贫困,文化人的状况更其凄凉,许多作家都辗转于贫病的重轭之下。

朱自清离开昆明时,全国文协发起了募集援助贫病作家基金运动,发动各界人士捐款资助陷于贫病交加的作家。对此义举,朱自清当然毫无疑问地给予了大力支持。8月9日这一天,他还特地到大学生活社访问有关人员,商讨成都文协援助贫病作家的事情。

恰在这时，朱自清的家庭也惨遭不幸。8月19日，他的二女儿逖先在扬州抱病去世了，年22岁。逖先性情好，爱读书，做事负责任，为人和善。她发病一天半就死去了，这令朱自清感到悲痛万分。

暑假很快就结束了。9月28日，朱自清从成都飞往重庆，10月1日，再由重庆飞回昆明，正赶上开学。这时他从司家营搬出来，住在昆明北门街70号单身教员宿舍里。

10月19日，是鲁迅逝世8周年的日子。这一天，云南大学学生自治会、昆明文协和西南联大"冬青"等社团在云南大学至公堂联合发起了纪念晚会，参加者四千余人。朱自清和闻一多都出席了晚会，并发表了演讲，他们还对鲁迅生平、创作等做了系统的介绍，希望人们学习和发扬鲁迅的革命精神。

当时为了贴补家用，朱自清除了在西南联大上课，还在私立五华中学兼任国文教员。虽然住所离该校很远，但是他始终风雨无阻，尽职尽责。有一次，因西南联大临时开会不能分身，又没有电话可打，朱自清只好一大早跑到中学请假。正是因为他这种认真敬业的态度，学校特地邀请他为学校写了校歌：

> 邈哉五华经历，流风余韵悠长。问谁承前启后？青年人当仁不让。还我大好河山，四千年祖国重光，责在吾人肩上。千里英才，荟萃一堂；春风化雨，弦诵未央，坚忍和爱，南方之强。五华万寿无疆！

后来，朱自清的健康状况越来越差，时常胃疼，口吐酸水。吴组缃从叶圣陶那里打听到朱自清的住处后，特地去看望他。

当朱自清从屋里走出来时,吴组缃霎时间愣住了,他后来回忆说:

> 他忽然变得那样憔悴和萎弱,皮肤苍白松弛,眼睛也失了光彩,穿着白色的西裤和衬衫,格外显出了瘦削劳倦之态。11年没见面,又逢着这艰苦的抗战时期,变,是谁也要变的,但朱先生怎样变成这样了啊!我没有料到;骤然吃了一惊,心下不禁沉甸甸的。

> 朱先生一手拿着书,一手握着笔,穿得衣履整饬,想必正在房里用功,看见我,很高兴,慌乱地拖着椅子,让我到房里坐。一会儿工夫,又来了六七位男男女女的客人,他们称喊他"朱大哥",坐满了屋子,大声地说笑着。朱先生各方面应酬着,作古正经,一点不肯懈怠。

> 我在那些客人前面,是个生人,于是他还不时"张罗"我参加谈话,像他做文章,不肯疏忽了一笔。但我看到他多么疲乏,他的眼睛可怜地眨动着,黑珠作晦暗色,白珠黄黝黝的,眼角的红肉球球凸露了出来;他在凳上正襟危坐,一言一动都使人觉得他很吃力。

在此之前,吴组缃从余冠英的来信中已经得知朱自清患了胃病。吴组缃也曾经患过严重的胃痉挛,深知那种一旦痛起来就面无人色、满床乱滚的折磨,后来经阳翰笙介绍服了一瓶鹿茸精,虽然掉了两颗大牙,胃痛却从此得到了抑制。因此,吴组缃立刻把病状和治法写信告诉了朱自清,朱自清回信说:"我也要试试看。"后来,朱自清还在信中透露出生怕病痛影响到工作

的担心：

> 我的胃病时好时坏，难在有恒的小心。但以后得努力，不然日子久了，拖坏了身体，到了不大能工作的地步，那就糟了。

自此之后，朱自清的信中再没有提到过胃病，吴组缃以为他已经慢慢好转了。直到这次见面，才知道朱自清患的是十二指肠溃疡，不但没有好，反而折磨得他痛不欲生。

吴组缃的到来令病中的朱自清十分高兴，于是两人一起吃了午餐。但是，为了避免胃病复发，朱自清只吃了很少的面食。饭后，他特意取消了一成不变的午睡，然后和吴组缃在书房里长谈，足足有两个多小时。

病痛和贫困中的朱自清从未抱怨，因为他把所有的希望都寄托在抗战胜利上。早在1942年12月，他就在报恩寺的小平房里怀着兴奋的心情写下《新中国在望中》一文。他激动地宣称：

> 抗战的中国在我们的手里，胜利的中国在我们的面前，新生的中国在我们的望中。

在艰苦抗战十几年之后，国内外形势急剧变化，历史转折的关头终于来临。1945年8月15日，日本政府终于宣布无条件投降，消息传来，举国欢腾。当晚，胜利喜讯传到了成都，大街小巷人声喧腾，朱自清也闻讯兴奋地走到大街上和市民们一起狂欢了一夜。

胜利虽然给黑暗的国度带来了光明,给苦难的人民带来了希望。但是,朱自清对当前时局却仍然忧虑着,他敏锐地感到,战争的乌云依然笼罩在中国上空。

新学期到来后,朱自清开始讲"中国文学史"这一课程,整天都在为备课而忙碌着。由于休息不够,他的胃病又发作了。他本来打算前往成都的四圣祠医院接受治疗,可是一想到又要花一大笔费用,便决定回到北平后再进行彻底治疗。

正如朱自清所担心的那样,抗战胜利后国内外政治形势依然十分严峻。国民党反动政府在美国的支持下,集中力量抢夺胜利果实,并向解放区大举进攻。与此同时,他们为了争取准备内战的时间,又以和平的姿态邀请中共代表来重庆进行谈判。

8月26日,毛泽东与周恩来等人乘专机抵达重庆。在此期间,闻一多、朱自清、张奚若、钱端升等十几位西南联大教授联名致电,要求停止内战,实现国内和平民主。

就这样,谈判持续了43天,最终在国内进步势力的压力下,蒋介石不得不在10月10日同共产党签订了《双十协定》,同意中共提出的和平建国的基本方针。但是,《双十协定》墨迹未干,反动势力就迫不及待地撕下了虚伪的面具。毛泽东一回延安,蒋介石就马上向各战区下达"剿匪"密令,各路军队纷纷向解放区进犯。黑云压城,昆明的政治形势日益严峻了。

经历"一二·一"惨案

抗战硝烟刚刚消失,内战的灾难又将降临大地。1945年11月5日,毛泽东以中国共产党发言人的名义发表谈话,指出:

> 中国人民被欺骗得已经够了,现在再不能被欺骗。现在的中心问题,是全国人民动员起来,用一切方法制止内战。

11月19日,重庆各界民主进步人士举行了反内战大会,并成立"各界反内战联合会",昆明各界积极地投入这一重大战斗当中。

11月24日,西南联大冬青社、文艺社、社会科学研究会等15个团体,联合请求西南联大自治会通电全国反对内战。

11月25日,西南联大学生自治会与云南大学等三所大学自治会联合主办反内战的时事晚会,邀请主张和平、民主、团结的教授讲演,地点定在云南大学。

不料,当局得知消息后即下令禁止,并通知云南大学校长不得出借礼堂。于是,为避免冲突,会议决定将会场移往西南联大草坪举行,并以西南联大学生自治会名义主办。晚上7时许,各校学生陆续到达,除四个大学外,尚有许多中学生参加,还有一部分工人和社会青年,共约6000人。

与会群众情绪昂奋,大家不顾天寒风冷,席地而坐,安静地听着教授们发言。谁知反动军警已偷偷包围了会场,讲演到中途,枪声大作,子弹横飞。于是,群众伏地听讲,演讲照样进行。后来,特务又将电线切断。电灯熄灭,同学们立刻把早已准备的汽灯点着继续听讲。

突然,一个自称姓王的"老百姓"不顾晚会秩序,硬闯上台,叫嚷什么"要代表老百姓讲话",随即大放厥词,说什么"内乱"不是"内战"。他其实并不是什么"老百姓",而是特务头目查宗藩。他的面目当场被群众拆穿,只听台下一片怒吼:"他是特务,把他拉下去!""狗特务!滚下去!"

查宗藩只好耷拉着脑袋,夹着尾巴在一片嘘声中溜走了。第二天,国民党中央报纸发表"西郊匪警,黑夜枪声"的消息,谎称:

> 本市西门外的泥坡附近,昨晚七时许,发生匪警……匪徒竟一面鸣枪,一面向黑暗中逃窜而散。

反动派的造谣污蔑,使西南联大同学愤怒非常,他们纷纷要求罢课抗议。11 月 26 日,昆明学生联合会宣布总罢课,并成立罢课委员会,还发表了《为反对内战及抗议武装干涉集会告全国同胞书》,他们呼吁"立即停止内战,要求和平""组织民主联合政府""追究射击联大的责任""不准任意逮捕"等。

至 11 月 29 日,参加罢课的学校达到了 34 所。因此,声势浩大的罢课斗争使反动派惊慌失措,他们立即部署力量进行镇压。于是,特务三五成群到处横行,遍街殴打学生,还闯入学校

捣乱。就这样,仅 11 月 29 日这一天,学生被打 25 起,被捕 15 起。

11 月 30 日,西南联大、云南大学等校罢课委员会办公室均被捣毁。但是,学生的反抗意志坚不可摧,他们扩大《罢委会通讯》,驳斥谎言,公布真相,使各界人士得以及时了解真实情况。

后来,罢课得到了全国各方面的支持。11 月 29 日,西南联大教授会发表"抗议书",指出云南省当局 11 月 25 日的暴行为"侵犯学府之尊严","表示最严重之抗议";民盟云南支部也在 30 日发表声明说"罢课是正当的唯一的抗议手段",所提条件"合乎人情,合乎国法"。

就这样,双方针锋相对,矛盾也更加激烈了。12 月 1 日上午 10 时,腥风血雨终于来临,一场大屠杀开始了。特务头子查宗藩赤膊上阵,率领一群特务打手,分兵几路奔袭西南联大、云南大学各校,撕毁校园里的壁报,捣毁教具,殴打师生,并用手榴弹、手枪等武器对付手无寸铁的学生和群众。

西南联大师院的潘琰、李鲁连、昆华工校(昆明理工大学前身之一)的张华昌被打死,南菁中学的青年教师于再被手榴弹炸死,被打伤者有数十余人。这就是惨绝人寰的"一二·一"惨案。昆明人民的鲜血震惊了云南,震动了全国。

年轻人的血,深深地震动了朱自清的灵魂。自抗战胜利以来,他就一直关心着时局的变化,注视着这场斗争的发展,在 11 月 15 日、28 日、30 日的日记中,他都记叙了学生运动的情况。12 月 1 日,当他看到反动军队向师生施暴时,十分愤怒,特地在日记中录下他们的暴行:

军人及流氓攻击学校各部分,在师范学院掷手榴弹四枚。死亡三人,伤者甚多……

12月9日,朱自清亲自前往灵堂向潘琰、李鲁连、张华昌和于再四烈士哀悼致敬。

1946年,"一二·一"余波还没有完全平息。有一天,一位教师来到朱自清寝室,告诉他学校决定罢课一日,朱自清立即表示赞同。原来,为了平息民愤,行政院决定免去李宗黄所有职务,而国民党最高国防委员会却任命他为党政工作考核委员会秘书长。表面看上去是在惩戒,其实却是包庇,国民党的这一行为立刻引起了群众的极大不满与抗议。

此时,闻一多因担心自己的政治态度影响到学校,坚决辞掉中文系主任的职务。就这样,学校的重担再次压在了朱自清肩上。4月,朱自清重新就任清华中文系主任,刚一到任就有各种事务需要他去处理,连续多日会议不断,以至于繁忙的工作直接影响到了他的健康状况。

5月3日晚,朱自清胃病复发,整夜呕吐;5月4日早晨,又吐了许多酸水。虽然已是病痛缠身,疲惫不堪,但是他仍坚持工作。第二天上午,他准时参加了国文学会,并和系中全体师生合影留念,下午他还参加了大一国文会与清华系主任会议,晚上又出席了在云南大学至公堂举行的"五四"文艺晚会。

夏丏尊于4月23日在上海去世,为表示对好友的深切怀念,朱自清特地在大会上做了题为《关于夏丏尊先生》的讲演,详细介绍夏丏尊的生平事迹以及他对文化事业所作的卓著贡献,在场听众无不为之动容。

　　随着抗战胜利,这学期结束后西南联大正式解散,北大、清华、南开三校开始筹措各项复校事宜。这意味着朱自清马上就要回到阔别多年的北平了。然而,就在朱自清忙着收拾行李的时候,一封急信传来,原来是陈竹隐生病住进了医院!

　　忧心忡忡的朱自清顾不上多想,匆匆赶到机场,等了3个钟头才坐上飞往重庆的飞机。一下飞机,他立刻转乘到成都的汽车,谁知沿途大雨倾盆,导致轮胎破裂无法前行,于是他只好暂时寄宿在旅馆中。

　　更痛苦的是,连日的奔波劳碌令朱自清的胃病复发了,整整一个夜晚他都呕吐不止。然而,病痛并没有让他停下前行的脚步,四五天之后,他终于辗转回到了家中。此时,陈竹隐正住在同学刘云波所开的医院休养,朱自清得知后立刻赶往医院探视。原来,陈竹隐患的是心脏病,好在经过治疗后病情已经有所好转,忧虑多日的朱自清这才放心。

　　然而,朱自清万万没有想到的是,自己到达成都之日,昆明正是政治形势严峻之时。6月26日,国民党公然撕毁停战协定,先后向中原、华东、晋冀鲁豫、晋绥等解放区大举进攻,狂妄宣称要在三个月内消灭中共力量。就这样,全面内战爆发了。

　　为了加强法西斯统治,蒋介石把宪兵第十三兵团调进昆明。不论白天黑夜,荷枪实弹的宪警随时闯进民宅,任意搜查,许多工人、学生和民主人士都遭到了绑架。一时之间,昆明的空气紧张起来。

　　尽管形势非常严峻,但是李公朴、闻一多等进步人士却没有被反动势力的嚣张气焰吓倒。他们冒着生命危险,到处奔走呼号,揭发反动派制造内战的罪行,动员人民群众联合起来反对内战,反对特务迫害。

1946年6月底,民主同盟和各界人士在昆明发起万人签名运动,要求和平。熊熊燃烧的斗争火焰已经势不可挡,一片争取民主自由的声浪已经无法遏制!反动派害怕了,他们加紧秘密策划,妄图置民主斗士于死地。南京国民政府密令昆明警备司令部、宪兵十三团等机关:

> 中共蓄意叛乱,民盟甘心从乱,在此紧急时期,对于该等奸党分子,于必要时得宜处置。

于是,昆明警备总司令霍揆彰奉令拟定了逮捕、暗杀民盟负责人的名单。在这份名单上,李公朴被列第一位,第二位就是闻一多,他们都是中国民盟滇支部的负责人。

7月的昆明阴雨连绵,久不见晴,一种死亡的气息笼罩在古城上空。7月11日晚,李公朴和夫人为筹办音乐会找人接洽会场事宜,之后二人前往南屏大戏院看电影。9时49分,夫妻二人在电影散场后乘坐公共汽车回家。

这时天正下着小雨,灯光昏暗,当夫妻二人路经青云街学院坡时,一直尾随在后的无声手枪突然对他们进行了袭击。子弹由李公朴的后腰射入,贯穿左前腹而出,他顿时扑倒在地,血流如注。

紧接着,李公朴被送往云南大学医院救治,但是最终因失血过多在次日凌晨5时逝世。临终时,这位坚强的斗士还在大骂反动派的无耻行径,高呼:"我为民主而死!"

李公朴的遇害令各界人士颇为震惊,闻一多更是义愤填

膺。作为民盟滇支部的负责人之一,他毅然挺身而出,挑起民盟支部的工作,并亲自料理李公朴的后事,向社会控诉反动派的滔天罪行。但是,作为特务黑名单上的二号人物,此时闻一多的处境非常危险。虽然亲友们都劝他赶快避开,但是嫉恶如仇的他拒绝了家属和好友的劝告。

15日下午,闻一多来到云南大学亲自主持李公朴的丧仪。泣不成声的李夫人上台讲述丈夫李公朴的死难经过,那一声声的血泪控诉令人耳不忍闻。闻一多听后激动地跳上讲台,厉声指着台下喊道:

> 今天,这里有没有特务? 你站出来,是好汉的站出来! 你出来讲,凭什么要杀死李先生? 杀死了人,又不敢承认,还要诬蔑人……李先生在昆明被暗杀,是李先生留给昆明的光荣! 也是昆明人的光荣!

闻一多还激动地宣称:

> 你们杀死了一个李公朴,会有千百万个李公朴站起来! 我们不怕死,我们有牺牲的精神,我们随时像李先生一样,前脚跨出大门,后脚就不准备再跨进大门!

闻一多话音刚落,掌声雷动,整个会场都为之沸腾了。然而,谁也不会想到,闻一多的这番话竟然一语成谶,成为他人生中的最后一次演讲。散会后,闻一多匆匆前往府甬道民主周刊社,他要出席民盟滇支部针对李公朴被害事件举行的记者招待会。在会上,他详细揭发了国民党反动派破坏政治协商决议以及发动内战的经过。

连日来的紧张空气，让闻夫人十分担心丈夫的安危，于是在4点多钟会议快要结束时，她让儿子闻立鹤到会场接闻一多回家。5时10分，当父子俩走到距西南联大宿舍仅10步远的地方，突然从后面追上来两个便衣特务。罪恶的枪声接连响起，其中·发子弹正中闻一多头部，闻一多应声倒下，血如泉涌。

儿子见状立即扑在父亲身上，大声呼救，混乱之中他也被手枪击倒。后来，经医院全力抢救，闻立鹤终于脱险，然而全身中弹的闻一多却因伤势过重壮烈牺牲！

李公朴、闻一多的相继遇害震惊了各界人士，这就是骇人听闻的"李闻血案"。

思想发生巨大转变

1946年7月17日，朱自清在成都报纸上得知闻一多遇害的消息后，大为震惊，他无论如何也没有想到，自己整天提心吊胆的事，竟然在一夜之间发生了。于是，在报恩寺破败的居室里，他无心茶饭，坐卧不宁，无限悲痛。他在好友的鲜血面前，陷入了深深的思索。他在日记中写道：

> ……闻此，异常震惊。自李公朴街头被刺后，余即时时为一多的安全担心。但未料到对他下手如此之突然，真是什么世道！

17日深夜,万籁俱寂,外面起雾了,一片迷蒙。朱自清背着灯光,伫立窗前,心事浩茫,思绪绵远。突然,一股诗的灵感猛地震撼着他的心弦,他仿佛在云雾之中看到了闻一多的高大形象。他陡地转过身来,坐在桌前,提起笔来写了诗歌《挽一多先生》:

> 你是一团火,
> 照彻了深渊;
> 指示着青年,
> 失望中抓住自我。

> 你是一团火,
> 照明了古代;
> 歌舞和竞赛,
> 有力猛如虎。

> 你是一团火,
> 照见了魔鬼;
> 烧毁了自己!
> 遗烬里爆出个新中国!

这首新诗,标志着朱自清思想有了重大的变化。他已经从闻一多这"一团火"中,认识到国民党反动派是一群吃人的魔鬼,认识到只有发扬闻一多那种不怕烧毁自己的精神去进行斗争,新中国诞生的愿望才能实现。

就这样,朱自清终于从这一"惨绝人寰"的血腥事件中,窥见了反动派的残酷手段,看清了黑暗现实的真相。闻一多的血光似乎在一刹那间照亮了他的眼睛,照亮了他的灵魂,以至于多日以来,闻一多的音容笑貌,他对革命的热情以及对祖国的挚爱,都如大海的浪潮一样在朱自清心中汹涌翻腾。

闻一多的壮烈牺牲,唤醒了朱自清沉睡已久的心灵,他的血又开始奋勇奔腾,他内心中潜在的能量更加渴望得到释放。21日,西南联大校友会召开一多先生追悼会,朱自清出席并讲了话。他一开头便愤激地说:

> 闻一多先生在昆明惨遭暗杀,激起全国的悲愤。这是民主主义运动的大损失,又是中国学术的大损失。

接着,朱自清又详细地叙说了闻一多在学术上的巨大贡献。他首先告诉人们,闻一多是中国抗战前唯一的爱国新诗人,也是创造诗的新格律的人。他还详尽地介绍了闻一多对神话、《楚辞》《周易》《诗经》等各方面研究的成就。最后,朱自清悲愤地说:

> 他有着强大的生命力,常跟我们说要活到八十岁,现在还不满四十八岁,竟惨死在那卑鄙恶毒的枪下!有个学生曾瞻仰他的遗体,见他遍身血迹,双手抱头,全身痉挛。唉!他是不甘心的,我们也是不甘心的!

后来,朱自清暗下决心一定要把闻一多的全部遗著整理出版,这是对敌斗争的一种方法。8月4日是星期天,他上午参加了北大校友会,晚上又出席了清华校友聚餐会。席间,他又起立讲演闻一多生平事迹,表示深沉的哀悼。会后,他还发起为闻氏家属捐款的活动,筹得了善款17万元。

1946年10月7日,在阔别八年之后,朱自清和家人终于踏上了重返北平的归程。一到北平,朱自清就以全方位的视角重新感受这座城市的方方面面。先是粮食价格非常昂贵,但这又是人人要吃的生活必需品,因此他感到这仿佛是笼罩北平的浓重阴影。

朱自清还将北平和西南几个大城市做比较,这里除了粮食之外的必需品也很多,尤其是古色古香的玩意儿就更多了。小市场里和地摊上到处都是价格低廉的旧家具和小玩意儿,就连平时对这些东西丝毫不会注目的朱自清也开始留意起来。

另外,北平的生活仍然和以前一样闲散。电车和公共汽车是慢吞吞的,要等很久。但是乘客有的是闲工夫,因此多等些时候也无妨。这跟重庆的快节奏可谓大相径庭,重庆的公共汽车虽然不是很漂亮,但是无论上车下车或是买票、卖票的速度非常快。

尽管北平的学术氛围非常浓厚,很多大型报刊也都有水准很高的副刊,不过,朱自清却从许多细节中感受到了这座城市的萧瑟。北平的治安状况更使朱自清感到不安。一个星期六的晚上,他们全家和一位姓赵的朋友去西单商场,买完东西他和朋友先回去了。陈竹隐和两个孩子回来时,经过宣武门的一个小胡同,刚进胡同口不远,就听见一声"站住!"

陈竹隐向前一看,10步开外站着一个人,那个人正从黑色的上衣里掏着什么。不安的陈竹隐顺着灯光一瞥,发现那人掏出来的居然是一把明晃晃的尖刀！于是,她和孩子们大声惊叫着往胡同口跑,不料母子三人都被地上的石头绊倒了。等陈竹隐和孩子们爬起来回头望去时,那个人早已经转身向胡同那头跑了。看样子那个人是一个新手,也许是走投无路才铤而走险的。报纸上常有路劫的记载,从前虽然也有,可没有那么多。由此,朱自清又感到,北平的的确确是不同于以往了。

令朱自清不满的还有北平混乱的交通管理。因为,他刚回来一星期,北平就发生了好几起车祸,死了五六个人。这种交通混乱和美国军车的横冲直撞有关系,警察出于害怕不敢规范约束它们,却对三轮车耀武扬威,毫不客气。

有一天,朱自清和陈竹隐上街,在宣武门附近看见一辆三轮车横在胡同口和人讲价钱,一个警察走来,不问青红皂白,抓住车夫就是一顿拳打脚踢。朱自清见后勃然大怒,他立即上前和警察讲理说:"你打他做什么！他是为了生活呀！"

后来,在朱自清的帮助下,三轮车车夫才逃离了警察的暴力。在回来的路上,朱自清和陈竹隐说:"八年沦陷,难道他们还没有受尽敌人的苦头吗？现在胜利了,为了生活抢生意,凭什么该挨打？真可恶！"

抗战刚胜利时,朱自清日夜盼着回来,可现在看到这些情形,他的心都冷了。朱自清一家回到北平后,先住在国会街北京大学四院,随后迁回了清华北院 16 号旧居。多年的颠沛流离使朱自清的身体越来越虚弱了,他整个人都呈现出与实际年龄极不相符的龙钟老态。好友李长之到国会街去看他时,不禁大吃一惊,他后来回忆时说:

　　我见了他,却又有些黯然了。他分外地憔悴,身体已经没有从前那么挺拔,眼睛见风就流泪,他随时用手巾擦拭着,发着红。我们没能谈什么文艺,他很关切地问到我的母亲、太太、小孩等。宛然是一个老人所关切的事了!

　　然而,饱受病痛折磨的朱自清并未因此停下手中的工作,他仍然积极参与《新生报》副刊《语言与文学》的创刊筹备事宜。副刊之所以取这个名字,是为了纪念闻一多,因为闻一多曾经在战前办过同名的刊物。

　　11月,在清华大学校长梅贻琦的组织下,朱自清等七人受聘组成"整理闻一多先生遗著委员会",朱自清被指定为召集人。月底,委员会召开了第一次会议,商讨有关编辑事宜。就这样,闻一多遗著的整理工作在朱自清的主持下紧锣密鼓地展开了。

　　朱自清曾在给友人的信中说道:

　　　一多的事我要负责,要出版他的著作,照顾他的家属。

　　朱自清意识到这不仅是对好友闻一多的最好祭奠,而且是同反动派进行斗争的有力举措,所以他决心下大力气来推进这项工作。1947年开春以后,朱自清紧接着召开了整理闻一多遗著委员会会议,布置了闻一多全集的目录拟定工作。一切工作已准备妥当,他立即投入到了撰写的工作当中。

虚心向青年学习

有一天，朱自清正在书房里埋头写作，这时，清华大学教授吴晗突然前来拜访。一见面，吴晗就递过一份反对当局任意逮捕人民的抗议书草稿，他希望征求朱自清的意见。原来，为了求得美国的援助进行内战，蒋介石大肆出卖中国主权，致使驻华美军肆无忌惮，无恶不作。

1946年12月24日晚上，北京大学先修班的女学生沈崇像往常一样走在去看电影的路上，没想到，两名驻华美军尾随其后，趁机将她绑架并对其施暴。这一恶性事件发生后，立刻激起了广大人民群众的愤怒。

12月27日，北京大学千余名学生举行了抗暴集会，他们还成立了北京学生抗议美军暴行筹备会。30日，北大、清华、燕大等校共5000余名学生举行了示威游行来抗议美军的残忍暴行。1947年1月，全国共有10个城市50万名以上学生举行示威。

后来，为了扑灭越烧越旺的爱国火焰，国民党反动政府以清查户口为名，在北平逮捕了2000多人。吴晗这次拿来的抗议书就是针对这次逮捕行动的。朱自清知道事情的原委后二话不说就在上面签了名，这就是当时有名的"十三教授宣言"。

宣言在报纸上发表时，朱自清的名字排在第一个。对此，反动势力发动各家报纸对朱自清进行诋毁和诽谤，国民党特务也曾三次光顾朱家。一位好友告诉陈竹隐说，他在燕京大学看

到了国民党的黑名单上的第一个名字就是朱自清。

为此,陈竹隐感到害怕极了,她立即将这一消息告诉了朱自清,要他小心些。然而,朱自清只是轻蔑地回应道:"不用管它!"

陈竹隐着急地反问:"怎么? 你准备坐牢吗?"

"坐牢就坐牢!"朱自清用坚定的语气回答道。

连年的战乱加上繁重的工作,已经使朱自清的身体不堪重负,但是他的精神状态却是从未有过的高昂与坚定。那时,国民党特务经常在清华园里抓人,每次抓人,朱自清都要为学生们捏一把汗,因此,朱家也就自然而然地成了那些进步学生躲避抓捕的避风港。

有一天,朱自清胃病复发躺在床上,听说外边又在抓人,他便焦急地对陈竹隐说:"你注意听着门,怕有学生又要来咱们家躲避抓捕。"

陈竹隐听闻此言,便在屋里紧张地听着外面的动静。没过多久,果然响起了敲门声,于是,陈竹隐马上去开门,只见一个神色慌乱的女生跑了进来。

朱自清总是尽一切可能帮助进步青年。有一次,一个进步学生要到解放区去,来找朱自清借路费,当时朱自清的手头也很紧张,但是他二话没说,就从保姆那儿借了点,然后加上自己的钱终于凑够 20 元给了学生。

还有一次,朱自清介绍一个进步学生到通县潞河中学教书,不久后这个学生就到解放区去了,后来通县潞河中学有人扬言说这个学生领了一个月工资没工作就走了。

朱自清听说后非常生气地说:"要是他领了一个月工资没

工作就走了,他的钱我来赔!"为此,朱自清还专门请人去通县潞河中学了解情况,结果证明根本没有这回事,而是别人故意中伤这个学生的。

朱自清的思想在不断地发生与时俱进的变化。前些年,他还极力肯定中年人的稳健和成熟,现在的他却更加对年轻人充满了希望,他对于年轻人的勇气、见识与气节给予了充分的肯定。他认为青年人才是名副其实的新中国的主人,这时代是属于青年人的,因此,他总是虚心地向年轻人学习。

曾经有一个青年人写过一篇文章,说朱自清被青年人拉着向前走,朱自清看过之后,不但没有生气,而且他还盛赞这篇文章写得很好。每当他写完一篇文章,一定会让青年教师先看,还一定要他们提出意见。他也关心青年人的成长,对他们写的文章很关怀。正是因为他对青年的赞许态度才使得他们愿意和自己接近。

由于现实斗争的需要,朱自清的创作动力更加饱满。他要严肃地观察、分析现实矛盾,认真地思考人生问题,并且用笔作为武器同反动势力进行不懈的斗争。同时,他的创作视野更开阔了,眼光也从个人小天地转向广阔的社会背景。

后来,杂文作为抨击黑暗现实的利器,开始得到了朱自清的青睐。他认为杂文是开辟时代的先锋,尤其是鲁迅的杂文,虽然简短但却凝练,能够尖锐得像匕首和投枪一样战斗,令人百读不厌。因此他也要向鲁迅学习,高举起锐利的投枪向着黑暗发起猛烈的冲击。

在对敌斗争的同时,朱自清也对自身进行深刻的反思。这一段时期,他对知识分子问题进行了系统的梳理和深入的思

考,工作之余,他就到图书馆搜集资料,撰写这方面的文章。

1947年4月11日,朱自清进城参加了国语推行会。当晚,他又应清华通识学社的邀请,在清华文法讲讨室发表了题为《谈气节》的演讲。他从历史发展的角度入手,在批判传统知识分子气节标准的同时,点明了五四运动以来知识分子的思想变化,通过这种古今对比,更加肯定了现代知识青年的大无畏精神。

之后,朱自清还把这次讲话的内容整理成文章,发表在5月1日出版的《知识与生活》上。除了这次演讲,他还写了《论书生的酸气》和《论不满现状》两篇文章来表达自己对于知识分子问题的看法。

在《论书生的酸气》一文中,朱自清严厉地批判了历代知识分子固守清高、与现实脱节的迂腐习气,他肯定了五四运动之后知识分子抛弃自命不凡的姿态、脚踏实地走向时代前列的做法。在《论不满现状》一文中,他明确指出知识分子应该走出象牙塔,走到人群中,去改变那些种种令人不满意的苦闷现状。

《论书生的酸气》和《论不满现状》中流露出的是朱自清思想上的重要转变。二十多年前,他是那样地偏爱自己的小资产阶级。虽然他意识到这条路必然走向没落,但是他仍然没有勇气走向新的生活道路。

而现在,朱自清却站在时代的潮头以锋利的笔锋来批判自我,真正做到了思想的巨大转变。这些思想能够以大众喜闻乐见的方式呈现出来,是文学走向大众的基础,这也是朱自清从创作中得到的宝贵启示。

当时,朗诵诗创作十分流行,清华学生也经常召开诗歌朗诵会。一开始,朱自清对这种诗歌形式持怀疑态度。但是在参加了几次朗诵会,听了许多朗诵后,他渐渐改变了自己最初的想法,他开始觉得听的诗歌跟看的诗歌确实有不同之处,有时候同一首诗看起来并不觉得怎样,可是听起来却能让人有所感悟。

后来,朱自清自己也在课堂上朗诵学生何达的《我们开会》《不怕死——怕讨论》给同学们听,效果很好。后来,他托人设法出版了何达的诗集《我们开会》,还特地写了一篇《今天的诗》进行评介,他说道:

> ……抗战结束了,开始了一个更其动乱的时代。这时代需要诗,更其需要朗诵诗……

用文字与国民党作斗争

抗日战争胜利后,国民党的腐朽统治,把广大人民纷纷逼到了饥饿线上。于是,为了生存,人民奋起反抗,城市贫民也掀起了广泛的抢米、"吃大户"等热潮,参加者约 17 万人。

1947 年 5 月 19 日,上海 7 个国立大专学校学生共 7000 余人,举行了反饥饿、反内战、反迫害示威游行。20 日,北平大、中学生 3 万人也举行了同样的示威游行,他们喊出了"要饭吃""要民主"的口号。

朱自清十分同情这些挣扎在死亡线上的贫民。他日日夜

夜都在思考：

> 抗战胜利究竟给中国人民带来多少光明？又带来了
> 多少温暖？本以为狼烟熄灭之后，一个现代化的新中国将
> 屹立于世界之林，谁知展现在眼前的竟是法币贬值，物价
> 暴涨，市场萧条，农村破产……

因此，他不禁发出痛苦的叹息："胜利突然到来，时代却越
见沉重了。"

6月24日，朱自清签名呼吁和平宣言，反对内战，又到新林
院北院访问同事，请他们参加签名。接着，他又写了一篇《论
吃饭》的文章，为千百万饥民呼吁，向反动当局进行不调和的
斗争。

《论吃饭》抓住了当时"吃大户"这一典型事件，针对人们
的吃饭问题，抒发议论，支持广大民众为求生存的正义行动，从
而揭穿了国民党反动政权的本质。

朱自清还在文章里热烈赞扬了人民的觉醒和伟大的集体
力量，他直言宣告，人民这种为维护吃饭权的革命行动，是"法律"
和"官儿"压不下的，因为群众就是力量！朱自清还歌颂人民不
再安贫乐道，也不再安分守己的集体斗争精神。

这种声音，这种精神，是朱自清前所未有的，他终于在斗争
中发现了力量的源泉。在这篇文章中，他运用了自己丰富的知
识，时而说古，时而论今，从远古一直谈到抗战"吃饭更难"的现
实，从历史角度论证民与士对吃饭问题认识的变化，洋洋洒洒，
顺理成章，有力地阐明了"吃饭第一"的道理。

朱自清并不是为说古而说古,而是从现实出发,由今而想古,说古而涉今,他广采古今事例,把论古与说今自然地融合在一起,从而使人从大量历史事实中去加深对现实的认识。《论吃饭》不论是思想还是艺术,都反映了朱自清后期杂文的风格特色。

这时,经过几个月的奋斗,《闻一多全集》整理终于快要竣工了,朱自清特别高兴。5 月 25 日下午,他邀请了中文系的 12 位同人,集体校对闻一多的遗稿,并重新编排《全集》的次序。

对《闻一多全集》的编辑,朱自清花费了很多精力,因为在他心里,闻一多是个集中的人,不管是研究学术还是领导行动,闻一多的专心致志,很少有人能赶得上。因此,朱自清想要尽自己最大的努力去完成亡友的遗稿。

朱自清这半年来,细读了闻一多的全部手稿,他越来越对闻一多钦佩不已,因为闻一多的见解超前,知识面也广,可以说是超人一等。以至于面对这样丰富的手稿,朱自清简直不知从何处下手了。

稿子的整理过程也极艰苦,第一批稿子从昆明运来时,箱子进了水,有些已经发霉了揭不开。于是,编委会赶紧请专门的人来揭,有的揭破了些,有的即使未破,也都长了霉点。不过,还好重要的稿子都还算完整,不会妨碍编辑工作的进展。

闻一多的作品分神话与诗、古典新义、唐诗杂论、诗与批评、散文、演讲录、书信、诗选与校笺等 8 个项目。他还将古代与现代打成一片,成为"诗的史"。《全集》拟目,由天津《大公报》、上海《文汇报》发表。

朱自清对闻一多遗稿十分珍惜,保管很严。7 月中旬,北大

学生要举办闻一多遗著展览,他们要闻一多的弟弟闻家驷提供资料。但是哥哥的遗稿全部存在清华,由朱自清亲自保管。闻家驷只好到清华找朱自清商量。朱自清便将一部分手稿检出来,写好目录,并郑重地在后面写道:

> 家驷先生经手借给北大同学主办的一多先生周年纪念遗著展览用。

最后,朱自清将手稿递给闻家驷请他签字。朱自清这种认真、负责的态度使闻家驷十分感动。后来,编辑工作一竣工,朱自清便立即沉浸在对闻一多道路的思索之中,他要为全集写一篇"序",总结闻一多辉煌战斗的一生。

8月酷暑,热浪滔滔,朱自清把自己关在书房里,苦思冥想,他要通过这篇序言,把闻一多的革命精神和风格传播于世。一起笔,他便写道:

> 闻一多先生为民主运动贡献了他的生命,他是一个斗士。但是他又是一个诗人和学者。这三重人格集合在他身上,因时间的不同而或隐或现。
>
> 大概从民国十四年参加《北平晨报》的诗刊到十八年任教青岛大学,可以说是他的诗人时期;这以后直到三十三年参加昆明西南联合大学的五四历史晚会,可以说是他的学者时期;再以后这两年多,是他的斗士时期。
>
> 学者的时期最长,斗士的时期最短,然而他始终不失为一个诗人;而在诗人和学者的时期,他也始终不失为一

个斗士……

就这样，朱自清沿着这样的思路，回顾了闻一多的生活以及思想轨迹。他在"序"中阐明了"斗士存在诗人里""学者中有着诗人，也存着斗士"的独特风格。这篇《闻一多先生怎样走着中国文学的道路》的"闻一多全集序"完稿时，已是 8 月将尽了。

学期结束时，中文系为毕业生召开了欢送会。朱自清在讲话中勉励学生说：

> 青年人对政治有热忱，是件好事，但是，一个人无论做中学教员或其他职工，一定要先把自己的本职工作做好，这样才会有人相信你。

这就是朱自清常讲的实干精神。

时光悠忽，假期很快就过去了。新学年开始了。10 月 24 日晚上，中文系举办了一个迎新大会，文娱节目中最为热闹的是扭秧歌，师生们一起欢快地舞起来。其中有一个瘦小的老头子，迈着不自然的步子在人群中起劲地扭着，惹得学生们不时地哈哈大笑，这个瘦弱的老人就是朱自清。散会后，朱自清还异常兴奋，他回到家里立刻在日记上写道：

> 今晚参加中国文学系迎新大会，随学生学扭秧歌，颇有趣。

扭秧歌这件事在当时是十分新鲜而时髦的，因此朱自清的参加引起了一些思想封建的人闲言碎语，他们认为这把年纪还和男女青年一起扭秧歌，是很可笑的。但是，学生们却对朱自清十分感佩，他们认为这是朱自清的一种向新时代学习的态度，是对人生负责的严肃态度。

11月22日，是朱自清50岁生日，晚上陈竹隐烧了几道菜，全家一起为他祝寿，他非常高兴。第二天，他的同事王瑶来到他家，提议为他举办50岁诞辰庆祝会。朱自清非常感谢他的好意，但还是婉言推辞了，他说："明年再说吧，明年才刚满50岁！"

谁能料到，明年即将迎来的却是令人哀伤的日子。

忍着病痛参加活动

转眼又到了新的一年，朱自清的胃病越来越严重了，他不论吃什么东西都会吐出来。由于这次生病已经到了不能进食的程度，因此他只好暂时放下手头的工作待在家中静养。

有一天，邮差送来一个邮件，朱自清打开一看，原来是自己的新书《新诗杂话》，他顿时喜出望外。其实这个集子早在1945年10月就已经编好，可是书稿寄出后便石沉大海，杳无音信，中间还一度传说书稿被书店弄丢了。

后来，每每提到这件事，朱自清就非常失落和伤心。他以为这本书再也不会与世人相见了，不料隔了三年之后，这本书竟然出版了。因此，他惊喜万分，提笔在目录后的空页上写道：

盼望了三年多,担心了三年多,今天总算见到了这本书!辛辛苦苦写出的这些随笔,总算没有丢向东海大洋!真是高兴!一天里翻了足有十来遍,改了一些错字。我不讳言"爱不释手"。"邂逅相遇,适我愿兮!"说是"敝帚自珍"也罢,"舐犊情深"也罢,我认了。

一九四八年一月二十三日晚记

在这短短的题字里,朱自清竟然用了四个感叹号,足以见得他心中无限的激动和喜悦之情。

朱自清对结交权贵名流并不热衷,但是对于真挚的朋友情谊却极为看重。3 月 19 日,李广田来访,并告诉朱自清那一天是杨晦的 50 岁寿辰。

杨晦原名杨兴栋,是朱自清的北大同学。但是,两人自从毕业后,就一直没有联系。在抗战前三四年,杨晦已经成名,但是朱自清并不知道这就是自己的同班同学杨兴栋,直到有人向他介绍,他才恍然大悟。

时隔多年,朱自清依然清楚地记得老同学的小坎肩儿和沉默。当他从李广田口中得知杨晦的消息后,便立即给杨晦寄去一封信,庆祝他的 50 岁寿辰。

第二天,朱自清进城参加了杨晦的寿辰纪念会。没想到,在纪念会上,朱自清多吃了一点东西,回来后便剧烈呕吐,因此他不能再出去活动,只能在家休养。但是他仍然闲不下来,稍微觉得好一点了,就要起床去找些事情做。

休养期间,朱自清把多年来写的有关语言和人情世态的短文收集起来,编成了《语文影及其他》一书,这本书是他编定

的最后一个集子,直到 1985 年才由中国文联出版公司印行。

朱自清在病中还与叶圣陶、吕叔湘一起合作编辑了《高级国文读本》。后来,他又出版了《语文零拾》《标准与尺度》《论雅俗共赏》3 本书。繁重的工作和事务使朱自清长时期处在超负荷运转的状态中,以至于他的身体每况愈下。

4 月 25 日这天是俞平伯父亲的生日,朱自清特地进城到俞家祝贺。晚上,他又被朋友约去东兴楼聚餐。结果当天夜里他的胃部再次疼痛不止。

后来,5 月 15 日,朱自清在妻子陈竹隐的陪同下,终于进城到中和医院(现北京大学人民医院)检查,诊断结果为胃梗阻,必须进行手术治疗。可是,高额的费用令朱自清一家难以承受。尽管妻子陈竹隐劝他做手术,但他还是拒绝了。

由于不能正常进食,又闲不下来,朱自清的身体越来越瘦。虽然如此,他的精神却一点也没有萎靡,他仍然坚持读书看报,关心时局。他非常喜欢唐朝诗人李商隐的"夕阳无限好,只是近黄昏"这两句诗,但是他却有自己的想法,于是便将这两句诗改了改后抄下来:

但得夕阳无限好,何须惆怅近黄昏!

朱自清把这两句诗抄好后,压在书桌上的玻璃板下用以自我鞭策。有一位同学看后不甚理解,问他这样做是否觉得自己已经老了,他摇头笑道:"这两句诗只是表示积极、乐观、执着于现实的意思。"

历史的车轮滚滚向前，国内形势也发生了极大的变化。从1946年6月至1947年7月起，人民解放军由战略防御转入战略进攻，以主力打到外线去，将战争引向国民党统治区，在外线大量歼敌，迅速改变了敌我力量的对比。

与此同时，共产党又在解放区彻底实行了土地改革，这一改革成为具有重大历史意义的转折。一个半殖民地半封建社会，在历经了长达数千年的腥风血雨后，即将诞生出一个崭新的中国。

朱自清得知后，非常兴奋。虽然自己的人生濒临于黄昏，但是他并不落寞，仍以乐观的心情去迎接这个新时代的到来。然而，他的健康状况却每况愈下，但是，他仍然凭着坚忍不拔的精神参加各种活动。

1948年6月1日，朱自清参加了一个会议后感到极其疲乏，散会后，他累得差点走不回来。他回到家里，便立即躺在床上。第二天，他开始大量呕吐，连续几天，他连走动一下都感到吃力，体重也从45公斤降到了38.8公斤。

同事王瑶得知情况，特地赶到家中探望。朱自清此时正躺在床上，尽管身子极度虚弱，但他仍放不下上课的事。他用微弱的声音向王瑶交代："如果过三四天还不能起床，'中国文学史'和'中国文学批评'这两门课，就请你代上。"

就这样，朱自清休息两天后，身体稍有康复，他就又坚持去上课了。每周四小时的"中国文学史"，他讲了三年，怎么也放不下。为了增加这些课的内容，他还把所缺的部分关于戏曲、小说的书籍买好，准备写一部深入浅出的《中国文学史》。现在虽然材料已备齐，但是身体的极度衰弱，令他一直都难以

动笔。

之前,在 5 月 22 日,上海发起了"反美扶日"的签名运动。原来,美国为了自己的利益,不顾世界人民的谴责,把日本作为在远东的反共、反苏、反人民的基地。面对美国这样明目张胆地扶植日本军国主义,全国人民无不感到愤慨。

日本是战败国,如果让他们的侵略势力再起,这无疑是对中国极大的威胁。尽管国民党政府软弱无能,但是中国人民是不会答应的。于是,"反美扶日"的签名运动很快便波及全国。

国民党政府一直把希望寄托于美国,他们害怕"反美扶日"签名运动,于是便趁通货膨胀之时收买知识分子,还发了一种配购证,能够低价买到"美援面粉"。无疑,这对知识分子是一个极其严峻的考验。

6 月 18 日,正坐在藤椅上闭目养神的朱自清,见吴晗匆匆给他送来一份宣言。朱自清看完后,知道这一签名对自己家庭生活会带来很大影响,但是他毅然拿起笔来,毫不犹豫地签上了自己的名字。晚上他在日记中写道:

> 我在《拒绝"美援"和"美援"面粉的宣言》上签了名,这意味着每月使家中损失六百万法币,对全家生活影响颇大;但下午认真思索的结果,坚信我的签名之举是正确的。因为我们既然反对美国扶植日本的政策,就应采取直接的行动,就不应该逃避个人的责任……

6 月 21 日,朱自清让孩子乔森把本月份的面粉配给证退了回去,第二天,又让儿子把面粉票也退回了。

在中和医院去世

转眼便到了夏天,朱自清的胃疼与日俱增,身体也极为虚弱,但是他仍然不肯静心养病,只要病情稍有好转,便伏案继续编写《国文读本》,或者是看自己喜欢的书。

这时,《闻一多全集》的编辑已经完成。1948年7月,朱自清又开始整理闻一多的手稿。这项工作相当繁重。妻子陈竹隐无论怎么劝他,他都听不进去。于是,妻子只好在他的书房里支起一张行军床,桌边放上痰盂,好让他要吐时方便一些。如果身体实在撑不住了,朱自清就会躺在行军床上休息一下。

朱自清把闻一多的手稿进行分类编目,均存在清华中文系里。这时,闻一多《全唐诗人小传》的工作还未完成,已草拟,朱自清计划下学期组织清华中文系同人集体编写,扩充内容,并改名为《全唐诗人事迹汇编》。

7月15日,朱自清抱病召集了《闻一多全集》编辑委员会,他向大家报告了遗著整理和出版经过,并做了相关事项的处理决定,最后宣告解散了这个委员会。下午,他又出席了中文系教授会,复审毕业生学分以及交代系务。

晚上9时,朱自清又出席了清华学生自治会在同方部召开纪念闻一多遇害两周年纪念会。他站在台上,用低沉的声音报告了《闻一多全集》的编纂经过,最后告诉人们说:"又找到了两篇佚文,没来得及收进去,很遗憾。"就这样,一天开了三个会,朱自清的身体劳累过度,胃疼更是频繁,但是他依然咬着牙坚持着,不让自己倒下。

7月23日,吴晗邀请朱自清参加在清华大学工字厅召开的"知识分子今天应该做什么"的座谈会。由于他身子特别衰弱,所以一路上他走一会儿便要歇一会儿。终于来到会场后,他坐在一旁静听别人的发言。待了一会,他才用沙哑的声音发表意见:

> 知识分子的道路有两条:一条是帮闲帮凶,向上爬的,封建社会和资本主义社会都有这种人;一条是向下的。

朱自清的声音虽弱,但是却很清楚,也很生动,博得了与会者共鸣。座谈会下午继续进行,由于身体实在难以支持,他无奈只好放弃了这次会议。

后来,朱自清的胃疼仍然没有减轻,残酷的折磨使他的身体继续衰败。尽管这样,他不仅坚持继续编写《国文读本》,还准备写一篇《论白话》的文章。因体力实在难以承受,《论白话》只写了2000字便不得不放下笔来。

8月5日下午,有朋友从南方给朱自清带回来一件衣服和一双雨靴,因为不认识朱家,便请吴晗随自己一去。

吴晗事先告诉那位朋友,朱先生病了,不能会客,只要把东西交给朱太太就行。可是,朱自清平时非常讲究礼规,他听说有远道朋友来后,一定要挣扎着出来与客人见上一面。他恳切地对客人说:"请原谅,我不能多说话,只是出来认识认识。"

吴晗看见老友穿一件整洁的睡衣,面庞瘦得只剩骨头,脸色苍白,说话声音十分细弱,这才感觉到了朱自清病态的严重。

8月6日早上4时,朱自清胃部突然剧痛,并且大口呕吐起来,10时被送到了中和医院,诊断为胃穿孔,医院在下午2时为他进行了手术。

两天后,朱自清的病情稍微稳定了下来,好几位清华同事都前来探望。虽然朱自清当时的鼻子里插着管子,说话不很方便,但是他神志仍然清醒。他心里还惦念着新生考卷的事情,还特别嘱咐研究院的试卷请浦江清评阅。

大家都劝朱自清少思虑,多休息,安心静养。其间女作家冰心也来到了医院看望他。看见冰心的到来,满脸病容的朱自清立刻打起精神问道:"《黄河》还在继续出版吗? 等我病好了,一定给你写文章。"

不料,到了8月10日,朱自清的病情突然恶化。院方诊断转为肾脏炎,他的肾脏已经完全失去了功能,肚子严重鼓胀,还有尿毒症的症状。中午,医院打电话将朱自清的病情通知了清华大学。

此时,朱自清神志还很清楚,他强睁开眼睛,看了看三个含泪围在自己身边的孩子们,用颤抖的手抓住坐在榻旁的陈竹隐,一字一句断断续续地说:"有件事要记住,我是在拒绝'美援'面粉的文件上签过名的,我们家以后不买国民党配给的美国面粉。"

到了11日,朱自清胃部有少量出血,并且开始出现气喘,肺部也有发炎的现象。12日上午8时,他出现了短暂的昏迷,到了11时多,他上完厕所被扶着回到床上不久,心脏停止了跳动。这一刻,是1948年8月12日的11时40分。

在这个乌云即将散去、黑暗即将终结的时刻,朱自清终究没能亲眼见证光明的最终到来。他最后没有说一句话,也没留一句遗言。他享年只有50岁。

8月12日下午3时,朱自清的遗体被移到了医院的太平间。他平静地躺在洋铁的床架上,脸色灰白,双眼紧闭,神态安详,像睡着了一样。

朱自清逝世的消息传开后,整个文坛为之震惊。许多刊物和报纸相继发表文章痛悼他的去世,远在香港的郭沫若、茅盾、夏衍等人也发来唁电,深表哀悼。

1948年8月26日,清华大学为朱自清举行了庄严肃穆的追悼会。灵堂上,朱自清的画像被高高悬挂起来,墙壁上也挂满了师生好友送来的挽词和挽联。

一代文坛大家的生命历程就此落下了帷幕!